# 好好吃飯

臺南淺山的理想初味

蕭佑任

# 局長序

淺山，量繪著淺淺的緣分與不期而遇，讓我們一起坐下來好好吃飯，從一趟走進淺山的味覺旅程開始吧！

本書以臺南淺山為書寫場域，一路從「進山之前」、「在山之中」、「出山之後」，藉著物產、食器、菜餚，與土地上的人們相逢，再一同圍坐在餐桌前。透過作者清新、細膩且溫柔的文字，我們看見人與人、人與土地交織的味覺地景，像紀錄片式的簡單、實在、餘韻漫漫。穿插在書中的料理食譜，有趣的將土地的初味(tsu-bi)、各個食材引路人的故事再釀造、再醃製、再烹飪、再盛裝上桌，原來食譜的意義不只是重現某種特定味道，而是看見土地的柔軟與深度。

局長

每一桌料理都是有山有人的食味，這趟關於味蕾的旅行不只是找尋理想滋味，也呼應著適逢社造三十年的重要「食」刻，就如作者所言，我們所吃的，皆是從土而來，皆是眾人的凝聚。也因此，這本書除了娓娓道出社造青年如何揉雜公共性與個人性的社區營造方法，在專訪篇章也非常榮幸邀請到不同領域的靈魂人物、在地好夥伴，從他們的視角詮釋臺南淺山這塊不惡也不餓的地方，不僅更加豐富讀者對淺山的印象，也讓這趟味覺的旅途加點調味，襯托生活的美味。

食文化始終是臺南這座城市的自信與魅力，在這塊富饒之地你是否也總是恬恬吃三碗公，一站一站續攤，反覆體驗不同的味趣呢？期待每一位讀者都能在這趟淺山之旅一起交換彼此日常的食膳飯桌、思考心目中的理想餐桌、尋訪臺南淺山的獨特性，將烙印在記憶的美味，由道道平凡又不平凡的料理細細閱讀土地的初味。

好的，先吃飯吧！

# 推薦語

徐仲——飲食文化研究者

如果藝術的本質是擾動思維，去年我曾有幸參與一場很特別的食物藝術設計展。這是名為「淺山惡地」的宴席，以臺南的淺山丘陵和惡地土質為主軸，透過餐桌為媒介，以餐桌擺設、畫作展現、食器創作、食物烹飪等多個面向，用一頓飯的設計，展現人文與風地的觀點。

當時印象極為深刻，回臺北後與不少朋友分享，可惜這類展覽的性質歸類於「行動藝術」，當表演結束了，展覽也就結束了，讓不少朋友哀歎不已。

還好，策展靈魂人物之一的蕭佑任出書了，鄭重地邀請您，透過這本《好好吃飯：臺南淺山的理想初味》，一同感受策展的思維邏輯，這種形而上的美好，就是藝術最迷人的特質。

# 陳明宏——淺山聚落執行長

呷飽沒？一個再日常不過的問候，讓你想起了什麼呢？

冒昧了，有些唐突地喚起一種很熟悉又溫暖的滿足感，就像老街區的中藥房那一座沉甸甸的木製藥櫃，一格一格藏匿著濃郁陳香，拉開來，串連起你我獨特的生活軌跡。

一個食物計畫匯聚了臺南新舊城區的人間天地，從筆者年幼時「家的味道」，到求學時期在官田區烏山頭水庫旁藝術大學的生活，和臺南淺山親密互動，催化了這場風土饗宴。

從臺20線這條進入臺南淺山的主要幹道，折返回原點「湯德章紀念公園」，歷史事件的戰火延燒到先民生活的地貌人文，探索惡地風土、物產，窺見臺南這塊土地的滋味，就像市鎮上隨處可見的青草茶，揉合著節氣時令與先民的生活智慧。集市樣貌因著開發而緩慢下來，像那昏黃的餘暉，把聚光燈收束回我們每一個人身上，思索著「我們從哪裡來」。

**張秀慈**——成功大學都市計劃學系副教授、惡地協作 USR 計畫主持人

作者以餐桌作為策展空間，讓我們得以在巨觀的淺山史地脈動與微觀的個人生命經驗中來回游移，體驗一種另類時空旅行的模式，更展現了飲食所能牽動的社群網絡力量。

本書看似為策展歷程紀錄，實際上在打破現今飲食文化中餐桌與產地的主客體關係與線性思維，重新組構人、飲食與空間的可能性。

**蕭秀琴**——作家，著有《料理臺灣》、《料理風土》等書

本書龐大的企圖心讓人敬佩，臺南淺山看似雜蕪漫漫的題目讓人無從下手，作者卻能從臺 20 線廊道訴說。

從湯德章公園抵達楠西是地理上的，從臺菜料理到食材作物是人文與文化，最重要的是透過一一上場的大廚、農夫等人物訪談，我們終於認識了具體而微的臺灣人面貌——我們。

## 黃韶瑩——藝術家、二子咖啡專屬打雜工

一直以來都很欣賞佑任的延伸方法與想像，我覺得在某種程度上是他獨有的與生俱來。

前些日子我們一起舉辦了幾場有趣的讀書會，每每在與他討論讀書會主題時，我總是特別喜歡先跟著他的五感開始延伸的過程。

從碰觸到沉澱，他都能夠將這些持續暈開的體會好好收納著，歸納後再透過文字所勾勒出的臺南淺山很令人著迷。

章之三
淺山之味

章之四

## 理想的餐桌



## 後記

# 走入書中臺南淺山地圖

地點

A. 賴大哥的筍園
B. 鄉土味小吃
C. 頂菜寮柑仔店
D. 永興醬油食品廠
E. 伍大哥的柴窯
F. 菁寮野草採集地
G. 噍吧哖事件紀念園區
H. 湯德章紀念公園

臺南行政區　臺 20 線　臺 3 線　曾文溪流域

# 章之一・啟程之前

或許，
那些一直在找的，
是我有關因緣的「旨味」。

# 尋找因緣的「旨味」

對日本人而言，味覺分成酸、甜、苦、鹹
與第五種：「うまみ」（旨味，umami）；
在舌上此起彼落地翻攪，豐富且回味綿長。

如果人生有其風味，
嚐起來好分辨的前四種，是正在過的「生活」，
而第五種滋味，應該埋在回憶中發酵。

手機滑不盡紅點提示、對話協調訊息響不停。超支整日。直至去年冬季，大抵維持像這樣生活已經快要七年了，哀傷的是，這一切似乎沒有因熟能生巧而趨於好轉。

我是位求學至就業在臺南生活了十幾年的彰化人，從學習藝術創作到靠著將訊息圖像化來養活自己的那種，最一般的服務型平面設計師。

不是出於對某件藝術品的感動，而僅是在國小三年級的美術課上被導師稱讚，就這樣一股腦踏上這條很難在臺灣養活自己的冒險中。為了滿足年少時的任性，磨練技藝換取經費所經歷過的工作，大概跟許多為了夢想打拚的人們類似吧！還能執拗地選擇與「美」有關的行業，已是最大的幸運。做過二手相機買賣、當過一陣子的洗相學徒、組過訂製腳踏車，當過居酒屋內外場、刊物美術編輯、個人接案平面設計師、藝術行政、學校講師……，每段經歷都讓我對未來的藍圖越發嚮往，也讓「美好生活」的想像越滾越大。

但就在這樣的過程中，一日三餐變得奢侈，開心放鬆吃飯，也在必須將目光展望於自我期許的待辦事項下，逐漸變成可有可無的選項。看著社群上那些拍得有如珠寶般珍貴的菜餚、奢華的料理對決，扒著手中由陌生人送來，勉強算得上圖文相符的外食，真是說不上來的落寞。

「你的外送到了！」、「你的便當要餐具嗎？」、「你的微波好了喔！」，能夠集齊這三句話，大概就是最幸福的一日。有次北上工作，因班次延誤，在車站多等了一個小時，這顆臺鐵便當的溫熱、滷排骨香從免洗餐盒那橡皮筋包不緊的縫隙中飄開，讓在月臺候車的我突然悲從中來。可能是吃慣了二十四小時歡迎光臨的品管溫度，或是那沒有標示出營養成分的自在、也可能是面前開往陌生鄉鎮的區間快車，抑或是座位旁開心享用午餐的高中生們。伴隨現代企業戰士緊繃精神到來的，除了偶發的惆悵外，還有疲憊的身軀——身體終究跟不上已經比迪士尼樂園地圖還大張的未來規劃設計圖，於是乎，我提出離職休養的申請。

急急徐徐的步調被強制按下暫停鍵，累積了數年的回憶像是幻燈片般，如浪湧狠狠地拍進我的腦海裡。像是吞進一口難以下嚥的營養品，酸、甜、苦、鹹，多種味覺混雜得難以言喻。

記憶蒙太奇般組出了一張餐桌：一張鋪著透著油漬的回收報紙，軟去的紙纖下還有早已黏住水果日曆圖樣塑膠墊的圓桌、坐下去時空氣散逸的防水花布不鏽鋼餐椅、綠色和橘色塑膠筷、稍嫌刮嘴的不鏽鋼湯匙、美耐皿餐盤上的印刷有些脫色、大同電鍋送的磁碗、印著黑松沙士的厚重玻璃杯、沾著飯粒的鋁製內鍋和插在某某候選人送的馬克杯水裡的飯匙、畫著公雞與紅蝦的大碗公和一支木柄磨得圓潤的湯勺與下課的滿身汗臭……，這些種種，譜出回憶裡的意猶未盡。

△△△

上國中前，雙親正搭著臺灣錢淹腳目的末班車，早出晚歸，為了小家庭努力著，每當他們的下班趕不上我放學、或遇到加班的假日，在上安親班前，離學校不遠的外公就肩負起接送我的任務。

老家在一條築起單邊水泥牆的大溝旁、還算清澈的水邊是一排連棟透天的背面，每戶人家對於增建的創造力都十分立體，在溝坡旁插上幾根鋼條、放塊底板、包裹鐵皮，就是最好的洗衣室與廚房，日常廢水讓溝裡多了許多隨波逐流的綠意，在夜色降臨前那幾個小時，整條過溝傳出每個家庭的油煙香。坐在返家老迪爵一二五後座的我，常逆流而上，一邊品味嗅聞一邊驕傲地想著：

「外公煮的才是最好吃的！」

看到外婆架在矮牆旁的曬衣場再右轉後馬上就到家了，下車後轉開鐵門，在外公細心地將機車牽進車庫後，我才會輕輕關上門，跟著他拉開鋁紗門的步伐走進客廳。外婆配著電視摺著衣服說：

「冰箱有沙士、汽水、維他露P、紅茶，冷凍的綠豆湯再放一下比較涼。」

「放書包、洗手、洗臉、穿拖鞋，看要喝什麼。」

「電鍋有飯、爐子有滷肉和湯，菜罩等上菜再開喔。」

「等外公炒個麵，要荷包蛋嗎？」

當我乖乖將一項項每日任務執行到換拖鞋時，外婆會將電視遙控器遞給我選台，自由轉台才是宣告下課的儀式。而我總會替自己倒上滿杯涼水，像個小老人般跳上沙發，隨著碳酸下肚，發自內心的「啊～」一聲。

待抽油煙機風扇運轉聲停了，菜罩跟著熱熱的飯菜上桌揭開，我會在客廳鋪張報紙，再替自己斟滿玻璃杯，去廚房找外公。碗櫥裡的每個碗都是有主人的，外公外婆是擴邊的白瓷碗公，外邊印著已經模糊的紅字；最大的那個白鐵碗是舅舅的，大到拿來裝湯分給其他人也沒問題；其他的應該都是買電鍋或是過年過節別人送的大同磁器，淺錐型可以一手托住的、或是碗底稍圓大些要用雙手捧的那些，我的則是從最後這種精挑細選出來，掂在手裡重量適中、曲線剛好符合還在發育的小掌與短手指，最重要的是，跟我喜歡的瓷湯匙搭配，可以不放過任何一丁點殘留的醬汁與飯粒。

外公總會幫腳腿不好的外婆先盛上一碗，添飯打底、淋上炕成深琥珀色的肉汁、瀝乾餘汁後夾上菜，再挑鍋裡肥瘦比最完美的那塊腿庫、細心挑去魚刺、在豬油蛋包滴上醬油後，跟著餐具一起端給坐在客廳那張唯一的靠背藤椅上的外婆。我有時會幫忙續碗，但總是沒辦法像外公擺得那麼美味精彩。再來他會替自己先裝碗湯，吃著配菜，有時會倒杯啤酒，但飯麵總在最後。啵！當他打開玻璃瓶臺啤時，我的遙控器會乖乖接力給外公，他習慣以日本台的

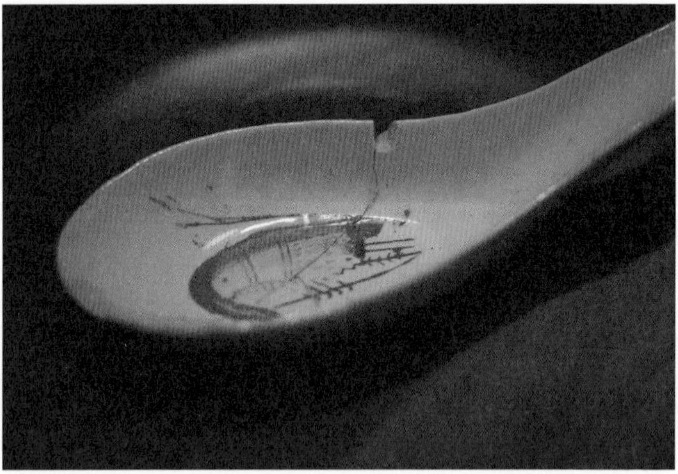

這支蝦湯匙是我從那已不復存在的二水老家偷渡出來的唯一。

時代劇下酒。

最後說到我：我習慣以半碗飯開局，花點心思在電鍋中挖些緊貼鍋壁的米，把快成鍋巴的飯稍微整理成圓弧小丘陵，澆上用湯勺繞開浮油的肉湯，夾塊肥得喜滋滋的炕肉、鹹香的油豆腐，運氣好的話還有早已化為鮮甜的整枝蔥，先讓嘴潤過，一口口讓唇片稍微彼此相融。再盛上半碗湯，撈些筍片、魚丸，啜上幾匙、使牙脆口，配上偏濕的飯與當季青菜、手工香腸、煎時魚，當然還有至關重要的那顆半熟蛋，最後再以外婆用紅糖熬製的紅茶收尾。那天有體育課的話，這套精心籌劃的流程可能會巡迴個幾次，如果還有餘裕，也許會在作業寫完後來份倒扣入盤的統一布丁。

我們三人有彼此自在的位置與用餐方式，雖然分散在客廳與飯廳，但卻沒什麼界線，各自品味著慰勞自己的餐桌。有時會隔空喊話，談著今天的料理怎樣、換了這攤果然魚的眼睛透亮，聊著滷鍋中加了一大把多送的蔥、哪個菜販還會送香菜跟辣椒、哪間南北貨進了南投乾香菇和臺南扁魚，聊著千載難逢的紅卵雙黃蛋及放山雞、笑著我沒剝乾淨的蒜皮、叮嚀青春期的狼吞虎嚥該放慢、討論明天的早市和晚餐。外公教我這些味道怎麼來、外婆提醒我感受並形容看看。

沒有什麼隔不隔代，我們頂多會在意不同的米芯嚼感，好多不知道的事、許多未曾造訪的地方，就在祖孫的碗裡共享。

「吃飯真的好有趣啊！」

△
△
△

後來，因為升學與補習，我的晚餐變成壓在鑰匙下的百鈔，在放學後的鐵馬通勤與外帶中渡過。雖然每逢週末，母親依然會下廚，但漸漸的，話題隨著年紀增長與青春期叛逆到來，鮮少討論料理本身，唯有出自關心的期許與各式想打破陌生的提問。

應該是因為生活變得索然無味吧，我常會想起外公在廚房辦伙的手路、偶而與家人逛菜市場的假日，看著旅遊生活頻道的《波登不設限》（*Anthony Bourdain: No Reservations*）、電視裡越來越多的烹飪節目，翻著書架上早已泛黃的食譜，我開始對料理感興趣。

還記得有一次，只有我跟弟弟在家，不知哪來的靈感都很想吃高麗菜，外面下著雨，冰箱有半顆，我便自告奮勇的炒了一盤，所幸兄弟倆至今依然健康。另一次則是煎了蛋餅，但外公忠心於炒鍋，而家裡的那只實在太重了，就拿了母親新買的平底鍋來用。只認得中式鍋鏟的我，憑著觀察早餐店實務操作的印象，盛盤前狠狠地在鍋中切開煎得金黃酥脆的蛋餅。本來歡天喜地想向下班的母親分享，卻因刮壞了保護鍋子的鐵氟龍塗層，理所當然被臭罵了整晚。從那之後，我不曾在家中掌廚。

△△△

不過長大之後，終究還是因為外公而學會了烹飪，甚至在餐廳上過班，有了可以養活自己的一技之長，但其實很少替自己下廚就是了。直到從上一份不知道在累什麼、忙到沒時間吃飯的藝術行政工作離開，前陣子又與兩老道別，才再次想起這些事——再也吃不到而變成回憶的味道總是最美，真的、真的很好吃啊！

於是，離職之後，我花了些時間將日常節奏切到倒帶，一邊整理已散佚大半的生活膠片，皺成一團的眉頭跟著消化系統一起慢慢恢復，也開始有辦法重新將目光對焦現在。這一次，如果可以，希望能按下錄影鍵，把缺了的影格恰好補上幾幀。

疫情讓每個人多了跟自己相處的時間，許多懷舊的話題被挑起，懷念往事成為最流行的話題。有部受到宇多田光（宇多田 ヒカル）的〈First Love〉和〈初戀〉兩曲啟發的日劇《First Love 初戀》（First Love 初恋），裡頭的拿坡里義大利麵（ナポリタン），串起了主角們相遇、離別、重逢的愛情滋味；這道自二戰後由橫濱洋食廚師所改製、源於義大利拿坡里的番茄義大利麵，成為日本喫茶店、輕食堂與家庭料理桌上常見的一皿。

受不了失業的索然無味，除了拜訪老客戶努力接回設計案外，也開始在日常裡晃悠，嘗試取回所謂的「生活感」。有次去同學家叨擾時，遇見放著老歌、正在工作的陶藝家，或許是青春歲月的旋律引起共鳴，便鼓起勇氣向前攀談，聊著聊著就說起了追劇：

S&B
ORIENTAL
CURRY
POWDER

「好想吃看看《First Love 初戀》裡的義大利麵！」她說。

「我會做喔，要試試嗎？」我一邊回想在居酒屋學到的做法，一邊記下這位客人的飲食習慣筆記，就這樣為她現煮了一盤拿坡里義大利麵。

上次這麼認真下廚，早已忘記是多久前的事……。久違的重新為自己、也為他人煮飯，彷彿喚醒回憶裡那些連結了人與情感的餐桌。而我也搭著這盤酸甜鹹的紅色，加了幾滴塔巴斯科辣椒醬（Tabasco sauce）、綠罐起司粉跟重新拾回的苦澀，開始了找尋「味道」的旅程：

那些，或許一直在找的，
是屬於我記憶中，有關因緣的滋味。

# 旅程的夥伴

土地、氣候、生產者、食材、
手藝、料理人、食器、桌椅、空間……。
「餐桌」是個魔幻美妙的地方，匯聚了諸多元素，
一切都必須那麼剛好，才能使其完整。

雖說想尋回記憶中的滋味，但或許是在時光中行走的人早已麻木，若非遭遇彷彿讓時間之流激起水花的石頭並改道，我們可能會一直沿河順行吧！

起行不見得有原因、但動身卻很需要傻勁，越傻呼、越能成為邁出第一步的動力。許多傳頌至今的故事，它們的起點大多很簡單，無論是陪著J・K・羅琳（J. K. Rowling）走過人生幽谷的《哈利波特》(*Harry Potter*)，抑或是拍出「父親三部曲」描述一代人的「家」的李安，所有續章、系列可能都源自一個簡單卻又深刻難忘的契機。

從沒想過，不久前每天過得食之無味的我，現在竟會對著生活咂嘴，既刁又挑地娓娓侃談對於「食」的感觸，尤其是在臺南。而我的契機、這趟旅途的起點，正是遇到了幾個能討論桌上事的人——一群總習慣把簡單的事，變得複雜有趣的人們。

## 新旅程的引路人：杏珍姐

二〇二二年秋季，從一位久未聯絡的老朋友怡慈那兒收到一份工作邀約。

「最近還好嗎？有聽説你好像有點辛苦，正好我有位朋友要辦一場餐會和展覽，我們約個時間去她那邊吃午餐聊聊喔！」

前一份專職工作差強人意的薪資，讓我離職前仍必須維持兼職接案的平面設計老本行，而來自怡慈的工作內容聽起來很簡單，大抵就是要在短短幾天內生出一套餐會視覺及展出規劃。

習慣了雲端視訊會議與電話、訊息往來，這種老派的見面邀約，著實引起了我的興趣。雖然此案費用不多，但對於即將失業的我來説猶如及時雨。到了約定那天，出門前我想了想，現已不需裝扮成上班族的我，將已經套上的正裝外套又掛回架上、捲起襯衫袖口，繞過湯德章紀念公園，沿著南門路慢慢過去。

「等一下喔！飯要好了，先喝湯。」

印象中，這是與怡慈口中的朋友——杏珍姐見面的第一句話。

看著牆上的掛畫、有些熟悉的空間與桌椅，還有廚房傳出的香味，勾出了幾年前的回憶。記得是在寒流來襲的晚上，想喝碗熱湯的念頭強烈到讓我無視涼意，騎車晃了好久。火鍋太過豐腴、麵食太過飽膩、小吃店的湯又過於清新，鑽進這條經過無數次的街弄裡，才發現這裡不知何時多了這間以湯為名的「湯食家」。

果然，人的目光總是只會望向自己想看的，幸好當下心心念念的饞意從冷冷空腹湧上，才沒錯過這家店。好吃的東西我常常不記得細節，印象深刻的反而都是沒對上胃口的。想當然耳，當時吃了什麼也早已模糊，記得的是那套貼合身形的藤椅與方桌、一組好用的餐具、一只裝滿肉類與瓜果根莖的碗公、幾碟下飯的小菜、一碗煮得恰到好處的白米飯，以及暖起來的身子和心滿意足。

後來才知道，杏珍姐其實就是湯食家的老闆。生活兜兜轉轉，又串起新的緣分。

△△△

回到這頓與杏珍姐和怡慈的飯局，我邊吃邊聽桌邊的人討論著「倒風內海」、「鹽分地帶」、「風土」、「食物」等關鍵字，在大江大海的話題中開心蹭飯。可能是吃得謹慎、或是端碗扒飯時的疑惑眼神被察覺，話題突然落在我身上：

「你好，我叫杏珍，是這場『倒風內海』食物計畫的主持人，你就是怡慈那個做設計的學弟吼。你知道倒風內海在哪裡嗎？」

「蘇荳古港那邊嗎？之前因為工作的關係稍微知道。」

放下碗筷，我一邊轉換語境、一邊心裡後悔方才沒穿上工作裝束地說著。

「太好了，看樣子怡慈是介紹對人！」

「飯好了、湯還有，等等喔！」

杏珍姐語畢，便留下一臉不解的我，轉身進廚房張羅了。

吃完這頓飯才明白，原來所謂的「倒風內海」食物計畫，是一群人在早已堰塞的古地貌上，從土壤開始，拜訪各地生產者、探尋在地食材後，以「風土飲食」為觀點，構思出一場用食物為媒材的展演。經過幾次討論與對稿後，餐會現場所需的文宣終於定稿了，而我這位負責餐會視覺的設計師也幸運地受邀參加。除了吃喜酒、與家人朋友聚餐或工作需求的活動外，從沒參加過正式餐會的我忐忑不安。

## 餐會的掌舵手：祺豐師

終於來到倒風內海餐會當天，加班整週日月相伴，讓出門前的我多花了點心思打理外觀，上回錯估情勢沒穿西裝，這次定要好好裝扮。梳好亂翹頭髮、工作包包上肩，早上的會議跟其他客戶拜別，可能只有我自己覺得像在交代後事吧！對方的神情淡然自在。

「有機會我們再合作喔！保重。」

保重啊、保重，究竟什麼才是重中之重，我在心裡獨自享受這饒富趣味的辯證，戴起聽不見外界紛擾的抗噪耳機，讓坂本龍一（さかもとりゅういち）的鋼琴聲陪著，頭也不回地前往「倒風內海」。

△△△

來到餐會現場，只見櫥窗內的長桌邊坐滿了人，兩排對望的陌生人間，夾著本應不屬於這張餐桌的「作物」：香蕉葉攤成桌巾、綴些輪切木塊、切口依然泌液的蕉串、月桃葉襯著柴燒小碟、帶莖葉的芋頭卡著位……。整桌碧綠得不可思議，屬於食客的領土只剩桌邊一點，除了個人餐具外，大約剩下幾根指頭的深幅吧。

我被杏珍姐領到最靠近出餐口的位置，偷看桌邊的人，有的神情肅穆、有的快門不停、有的振筆疾書，另一頭則是聲形沉穩又語帶輕鬆地談論著時節、產量、供貨與施作的土地話題，在我開始暗自羨慕彼端的歡快時，全副武裝的料理人——祺豐師登場了。

他挽起袖子的廚師袍外有件做工講究的灰色厚磅圍裙，電繡紋樣旁插著一隻精緻的金色小夾，修得燙貼的髮型與指甲，上菜時口罩下傳來渾厚直率的臺

上｜「倒風內海」餐會結束後，當時掛在杏珍姐工作室裡的主視覺掛畫，
從臺南走到了高雄的三禾清豐。

下｜心心念念的獨門黑蒜醬，用上了有百年淵源的永興醬油。

語，隨著菜單上的字詞說明，韻腳相接地介紹每道餐點如何運用倒風內海的食材發想。師傅彎下腰為我盛湯時問道：「合胃口嗎？加點酒再喝喝看。」

說實話，真是嚇死人，憑著多年談業務的直覺，與眼角餘光瞄到整桌人霎時一齊往我這兒看的感知，我以最快的速度抿一口湯後把整小杯的鹿茸酒斟進湯裡，隨即一飲而盡，以最滿足的表情控管回禮。沒想到祺豐師只是笑笑的又再度為我盛上一碗，這回多了幾塊羊肉，接著又去招呼其他賓客。餐會結束後，師傅一一向在場的所有人親手送上小禮：一罐黑蒜醬油。這一小罐，是我至今依然捨不得吃完的黑漿玉液。

孰料，這場餐會遠不是結尾，而是另一趟奇幻之旅的開端。可能是那碗湯的暖意或酒意，也可能是亂入飯局的代價，我就這樣在時隔幾個月後又接到杏珍姐的聯絡。

「今年換你接棒辦餐會，主題是『臺南淺山』，約個時間來吃飯討論吧！」

## 牽繫過去與現在：怡慈

「這次換怡慈煮喔！」杏珍姐張羅著大家的餐具。

「剛在忙吼，都下午了，先喝這個——豇豆乾魚湯……。」廚房傳出怡慈的招呼聲。

說一大鍋真的不算誇張，掀開土鍋，裡面滿滿的：日曬豇豆乾、虱目魚與當季根莖燉在一塊，想舀湯要先突破風味小山、把料撥開，試了幾勺後作罷，還是不客氣的續碗收集進肚比較實在。配著桌邊友人自家種的地瓜葉與恰到好處的米飯，我們首先聊起了關於「風味」的話題。

「法國紅酒厲害的地方在於他們可以用年份去回溯當時的氣候，那些莊園用的葡萄，產季時的陽光、水量，成為莊園的養分，彷彿讓品酒的人也品嚐到時間的味道……。」

怡慈說：「釀造跟發酵、醃製都是從保存食物開始，這些經過熟成的風味，對我來說多了一份關於情感的滋味，就像是等待願望成真，跨出第一步後、把後面的步驟交給時間。」

在藝術大學求學時就很照顧我的怡慈，現在已是一個可愛女兒的母親。跟在學校時一樣，每次遇到她，總會關心我有沒有好好照顧自己的身體，也常邀請我一同吃飯。她的廚房很像魔藥學教室，架上各式瓶罐數不盡，看得出與看不出是什麼的內容物琳瑯滿目、同樣溫潤但不同尺寸的好幾只土鍋、與其他藝術家交換或是購置收集而來的手作器皿、牆上貼著幾幅小孩的作品。每當餐席時，爐架上、烤箱裡與料理台上時常滿溢，小空間裡的香味很難一言說盡，開罐時散出的氛圍、拌料時綻發的香氣、加熱時噴出的食慾，當季食材加上時間的風味，在她自在細心的調理中顯得溫暖萬分。

聊著聊著，話題回到這次聚餐的重頭戲——淺山餐會。

「淺山？在哪裡，是指市區的桂子山嗎？」我天真地問。

杏珍姐打開地圖筆劃，指著螢幕上那片有點熟悉的連綿綠帶：「前兩年我們的計畫範圍從海邊到內海，接著就是淺山，我之後傳資料給你。」

「蛤！那我要做什麼？」

就知道這幾次的飯錢會以某種形式支付，畢竟是從老派邀約開始。但工作這幾年，早以習慣作為輔佐案件與客戶的角色，不久前還是顆擰得過緊的小螺絲釘的我，除了對「淺山」一無所知外，也真的不知道接下棒子後想做些什麼。

△△△

收到過去兩年的資料後，才發現近年的計畫在臺南「鹽分地帶」走入社區做「辦桌」、回溯「倒風內海」的地層談「風土」，從大洋到內海，兩者都在土地、生產者與料理的路徑上，做了非常細緻的調查，最後再將這些藏在所吃即逝的料理後的故事，透過食物記錄下來，如今也要在淺山地區這麼走上一遭。說只是籌備一場「餐會」，真的過於輕描淡寫，這是將那些所嚐滋味背後的身影、土地的樣貌、那些日漸模糊的人與事，用最累最傻的方式，披星戴月、慢慢疊加的「滋味展演」。

「不只是吃飯而已。」

這群人對餐桌上那幾皿菜的執著，讓我漸漸想起唇齒間、舌頭上曾擁有過的記憶，可能來自那段回不去的童年、可能來自某個飢腸轆轆的時刻，帶著想找回滋味的私心，我答應了一同走入臺南淺山的旅程。

# 餐桌與沙塵中的小帳篷

每段旅程開始的原因總是不經意，
好比那些奇幻、冒險故事的起點，
有時是馬廄、有時是村子、
有時只是閒晃而已。

回放記憶時常會跟現實混在一起，尤其是描述有關依然持續的「相遇」。

握著餐會主持人接力棒的我，對於到底要做什麼其實滿摸不著頭緒，畢竟當時對食物也只是單單的愛吃而已，跟杏珍姐等桌邊的人相比，說有多在意盤中飧嗎，大概只有親自下廚招待親友時，才會多點考究與耐心；由這樣的人去嚴謹地高談闊論臺南的味覺，可能會讓逐漸轉好的胃疾又再度復發。接下來，就容我以吟遊詩人的旋律，邊撩撥月琴，伴著和弦與江湖調，緩緩道來有關這群愛著土地的人們，他們挑嘴的故事。

自許下承諾已經過了二個月，從張燈結綵的農曆年一直到過了春分，我也終於完全卸下上班族的責任義務，重回接案人生與讀書時光的幸福。在成為全職工作者前，我其實有個讀得且戰且走的博士學程，能像這樣依著既定課表安排時間，學院裡相對單純的環境與跟著太陽在天空的作息、回到學校時老師們的關心與叮嚀，回想起來真是彌足珍貴。那是段將目光重新放回自身的時間，透過討論關於「人與美」的事，描出文化與藝術的輪廓。

而在通勤上學的火車上，我打開寫得工整的淺山餐桌活動計畫書，預期效益與規劃事項寫得琳瑯滿目，搞得好像傢俱組裝說明書，每個零件與步驟都要交代得清清楚楚。「不是這樣吧！」看著區間車窗外低頭拿著單字卡複習的高中生們，我心想。

讀著計畫書，發現當時計畫書中「栽種作物的土地」這單單一句話其實描述了好多事，除了栽培物種與區域外，也可以再細分為地理條件、氣候因素、人文活動……，並且都具有時間性，光是這幾個基礎的名詞劃分所引發的探討，就萬分複雜，而出自法文的「風土」（terroir）一詞，就是試著對這串人與土地的連鎖反應，框出可供討論的範圍或稍微明確些的對象。

那把「臺南淺山」、「餐桌」這兩個詞拿出來，是想要框出什麼畫面呢？從設

此時對於淺山餐桌還沒有具體想法，只希望能跟生活中的山產或熱炒店一樣，
總有幾道只有老客人知道，與地緣、時節有關的招牌菜。

計師的觀點來看，大聲宣告主題的議題式呈現，做得好就是直接、生猛，但出了差錯，就會飄出讓人無趣的說教味了。以飯廳要如何展現主人性格為例：添購一套餐桌椅的目的其實是想跟其他人坐下來好好吃頓飯，一個人想填飽肚子的話，沖碗泡麵在哪都行；過於在意組裝步驟的話，可能在每次的飯局上，以話嘮組裝甘苦談開場，但從「我家餐廳要長得怎麼樣出發」，開場白應該會稍微引人入勝些。

那麼，餐桌桌板上除了食物外還有些什麼？「臺南淺山」的圓桌會有些什麼？輾轉攀附在桌上堆高的文字資料小山中，有個裝滿黑咖啡的手作陶杯，似乎在提醒些什麼的灑出了幾口。於是想到——「器皿」，餐桌上除了食物還該有器皿。究竟什麼樣的容器，能盛裝這些繁複的滋味呢？

## 化用地方土來創作：土星工作室

印象中我幾乎沒有自掏腰包買過杯子，因為視覺藝術研究所時期分配的工作室對面就是陶瓷藝術研究所的工作室，閒來無事時總會跟同學去串串門子，插科打諢久了、熟識之後，他們總會很慷慨地贈送口中的「瑕疵品」給我們，有時是稍微站不穩、有時是釉色不滿意、有時則是外人看不出個所以然的變形。應該是追求工藝之美與匠心獨具，他們的手緩慢、有力也滿是骨氣，這些杯子經過畢業後的幾次搬家也依然留在身旁，就算沒時間替自己泡杯咖啡或茶，還是安放在架上。

我有個同班同學就這樣晃著晃著讓他在陶瓷研究所裡遇到了下半輩子的牽手，走過十年，他們終於在市區有了自己的店面和教學空間，名叫「土星工作室」，邊與現實拔河，邊投入以土為媒材的藝術創作。工作室有個我很佩服的計畫，他們會收集來自四面八方的土，經過繁雜的工序、測試，再用來製作藝術品與實用器皿。店面展示牆上一顆顆珠寶般掛著的，是不同溫度與配方燒製的試片，架上陳列以這般獨有的材料製作的碗、盤、碟、杯等各式各樣的作品。

想起他們，讓我被一個突如其來的靈感砸中：

「如果將來自同一塊土地的食材與器皿一同放在桌上呢？如果能用淺山的土，製作裝著自山而來的風味的話，那就太好了！」

起初最簡單的念頭可能正是最動人的，為了達成腦海中淺山餐桌的樣子，我向工作室提起了這般浪漫的複雜請託，現在回想起來，真的很感謝他們願意在百忙中撥空參與和協助我個人突發奇想的任性。

淺山餐會後，祺豐主廚收藏了土星工作室製作的器皿作品。

## 器皿的玩心小宇宙：MISONO ceramics

有了土與陶的點子，再來就是容器該長什麼樣子了。習慣先在資料海的字裡行間中自言自語後，才願意動身的我，因緣際會下，放下有關地方土與日本工藝美術運動的書本，獨自一個人揹著依然未解的疑問，到高雄散心。

不擅面對熙熙攘攘、從未在臺南逛過市集的我，為了想延續當初下廚做拿坡里義大利麵與MISONO陶藝家友人分享的喜悅，竟然跑到另座城市的美術館旁初體驗市集，拜訪出攤的他們。許久未雨的大草坪揚起陣陣沙塵，白色見方的四柱小棚們圍出一區區。被黃沙捲到眼睛都張不開，卻依然熱鬧的人群正排隊等著從各地前來的店家精心準備的餐食、或站或席地而坐，而攤位們此起彼落招攬著那些還不在人龍中的小團體，我只能專心閃避偶爾脫隊的人群，皺著對抗艷陽的眼，朝那座低調的土色小帳堅定地走去。

一張低調質樸的手作招牌有些孱弱地立在那，上頭寫著「MISONO ceramics」，攤位有張顯眼的白色大桌與灰頭土臉卻不顯垂頭喪氣的陶瓷小傢伙們，攤主介紹著：

「都可以拿起來感受看看喔！」

相較周圍景觀，這兒獨樹一幟，在藍到煩人的晴天裡看到這般光景，我也不好再板著防衛風沙的皺臉，笑了出來。從這一幕開始，那張原本只存在於想像迷霧裡的淺山餐桌，隨著捧起碗時撫去的塵粒，逐漸清晰了起來。從設計、製作衣裳起家的MISONO，現在則用陶繼續創作著「容器」，過去裝著人、現在則承裝她與使用者們的想像力。「Misono：意指初生般純淨自在，沾水卻不染塵埃的樸質乍現。」這取自日文的品牌概念，讓我想起當初接下籌劃餐會的初衷，萌生邀請MISONO參與餐會器皿製作的想法。

左邊的高瓶為 MISONO ceramics 作品 Freedom。（圖片提供／ MISONO ceramics）

風停後沙塵歇息，沾在表面的沉積總是最細膩，在小棚內那個難以忘懷的午後，說著有關作品的話題，聊著本以為早已淡忘、用來形容美好的簡單字句，不再囿於咬文嚼字的計畫命題，而是從頭開始練習對於生活的觀察與期許。MISONO這些以恰好曲線構成的作品，替這段從未想過的起行，添了些不經意，也讓淺山的餐桌上，多了套「盛裝感覺的器皿」。

從市集回程的路上，在高雄回臺南的北上列車車窗外，跳接著臺南到隆田的慢行窗景。我不禁想起深埋在自身回憶裡的淺山，在官田山上、烏山頭水庫旁的求學時期，常騎著機車在這些地方東奔西跑：到大內或玉井切盤黑白切配意麵、去山上與左鎮的溪河畔撿石頭、至楠西梅嶺爬郊山吃梅子雞，或拜訪月世界拍上好幾卷幻想阿波羅計畫的登月底片……。

能夠裝下淺山的容器，以及整個淺山餐會的樣貌，就這樣在閒晃中清晰。

# 章之二·走進「惡地」

夾在高山峻嶺與廣袤平原間的淺山地區，
用她從時間中挺出的灰白崩坡、河床中顯露的化石，
繫上了自海而來的記憶。

# 淺山初印象

人啊！總對近在身邊的事物感到安心、
而對遙遠未知的那些投以好奇。

就像淺山，尷尬的夾在平原與山地中間，
不需要安排三天兩夜的旅程、
但也不是走個十五分鐘到巷口吃碗麵的隨意；
那裡不會是安排目的地的首選，
也無法相遇得不經意。

臺南因地形平緩而擁有面積廣大的農耕地與阡陌交錯的路網，是臺灣最早發跡的城市之一。如此得天獨厚的環境，讓臺南自新石器時代、荷治、明鄭、清朝、日治、戰後到現在，都在臺灣史上有著舉足輕重的重要性；歷史隨著人們生活型態與聚落分布的改變，從沿海走向內陸，故事則隨著人們的足跡，除了航向世界，也緩步深入山林。

移民開墾時代，人們的移動和聚居都與地貌有著密不可分的關係。相比於平原的易於遷居、深山的難抵，「淺山」（suburban hills）銜接了兩處，在生態學上指海拔八百至一千公尺處，中繼了人與自然的消長，扮演著平衡及緩衝之地。相較於「里山」（源於日文，發音為 satoyama）以富有生態意識與趨於人跟自然間和諧相處的精神所開墾、耕種並改變的山野環境，淺山的環境議題則因聚落、產業擴張所影響的生態保育，於近年來被持續提出討論。這塊「邊緣地帶」除了作為高海拔生物因應氣候的遷徙之地外，也有許多有關「人與土地」的故事，可供我們找尋面向未來的蹤跡。

臺南，擁有幅員遼闊的淺山，從楠西、玉井、大內、山上、左鎮、龍崎……，一直延伸到高雄田寮地區。在這塊區域裡，有著水的發源與儲蓄、有著交通發展的痕跡、有著依然保有瓜果甜香的堅定、有著超越四百年的人文累積、有著可以一窺古老過去的蹤影，更有著一段段連接往昔的日常軌跡。

而我想，「淺山」，說穿了其實就是低海拔丘陵，或許當初發想這個名字的人是希望將我們對高山的征服、深山的浪漫，偷渡一點到這些土地小突起上吧！淺淺的山，是這樣地歡迎所有人親近，她就像鄰座那位總是安靜的同學，默默抄寫每日課堂的筆記，直到有人好奇地，向總是看向窗外操場嬉戲人們的她攀談，才發現那些日常點滴，都被她恬靜地盡收眼底。

## 珊瑚潭旁的六甲城

最早接觸淺山是什麼時候？

回想起來，我與臺南淺山在青春時早已相遇。大學時期，在官田區烏山頭水庫旁的藝術大學生活了好幾年，除了浸泡在一知半解的懵懂裡以外，最常與室友們跨上機車，繞著蜿蜒的山道，穿過吊橋和小徑、經過果園和墓區，和為了繞開車潮的貨運大車爭道，或是跟著假日出遊的鐵馬小隊騎行。

當時彷彿路上孤島的校區，基本設施只符合生活所需：兩間餐廳與一間只開到晚上十一點的超商。圍牆外的村落也在日光漸弱後沒多久，就寧靜得只剩下路燈閃爍配上草叢裡的小生物交響曲，偶爾傳來幾聲應該是做惡夢的惱人雞鳴，夏日晚風飄來陣陣芒果授粉季時的腐敗香氣，可惜了我們這群滿腹憧憬的文科生不是金蠅，否則眼前的未來想必不會如此撲朔迷離。

過早的田園風光，哪裡關得住剛拿到駕照，正探索何謂自由的大學生呢？

△△△

由於當時大門外的主幹道正進行擴寬工程，路基夯實、未鋪柏油的土面每逢雨後就成了拉力賽跑道，讓新生對口耳相傳的入學摔車洗禮見怪不怪。在經歷人生第一次慢速滑行滿身泥、後座同學尷尬苦笑的初體驗後，我就都從位於校區最北邊的臨時過道出行了。

車行過的集水區位於官田區、六甲區、大內區與東山區間的低窪谷地，水源取自曾文溪上游大埔溪的離槽水庫，於日治時期啟用至今的烏山頭水庫因其

採收前約一個多月，為了防止蟲害和日傷，會把尚未成熟的芒果一一套袋。

蓄水後淹沒官田溪谷像是展枝的珊瑚，而被民政長官下村宏（しもむら ひろし）命名為「珊瑚潭」。

而那條被用來逃避新生詛咒的捷徑起點——紅色的珊瑚吊橋，自一九三〇年起，便跨越溢洪道兩端，接駁了我們這群新進的大崎村民前往最接近的文明彼岸。一臺臺機車遵守告示上的承重限制，小心翼翼騎上棧道，謹慎依序地駛在木琴鍵上，轉過路口後，沿著右側灰甸甸的壩堤與左側帶著鮮明色彩的路樹前行，突然一方開闊的天空至今依然難以忘記。

不過，放學後的少年、少女們哪來得及欣賞這片風景，成長期的飢腸轆轆催促著油門鬆緊，六甲郵局對面的山刺果冰淇淋暫時緩解過於熱血的汗滴，國中前的攤車早已排滿人群，黑胡椒醬料桶中插滿銅板價的黑輪們，裝滿套著塑膠袋的美耐皿。胃開了，再轉往市場外的「海三代肉丸」，油泡浸透的肉圓稍微接近彰化人對於肉圓的傲氣，灌進花生的米腸與炸肉的口感變化豐富，

熟破布子
熟
土豆
菱角
破布子

就算多叫上一碗乾意麵，也不顯得貪心。

抱著遠道而來的心情，有時會再去郵局與眼鏡行對面點上幾顆蚵嗲，切得細碎的韭菜與蔥花在白鐵盆中堆了座辛香小山，大匙舀起飽滿後放上幾粒小蚵、澆上粉漿，插進始終高溫的油面時發出激昂，這個過程，不管看幾次都不嫌膩，可能是想起小時候王功、鹿港路旁常見的光景，獨在異鄉小村的我吃的多半是海風與鄉憶。出鍋即就口的堅持早已在幾次嘴破後的廣東苜蘩粉後放棄，趁著紙袋還未被水氣蒸軟，循著自家焙味的源頭走去「悠豆」咖啡廳，點上招牌冰咖啡、翻著漫畫，等到上桌凝出杯外冷水滴後，就是品嚐蚵嗲的最好時機。

有時還是會需要冰鎮燙口心急，那麼同條街尾端右轉後不出多久，媽祖廟埕上的水藍半木造街屋旁便有間百年的冰店，落地許久的叫賣攤車上滾著湯圓，揉成長條的米糰捏分成一塊塊，來不及搓圓就被趕下鍋。白鐵檯面上擺著好幾罐清涼與甘蜜：愛玉、西米露、蜜鳳梨，還有紅糖水和熟客定會滿上幾匙的麵茶，旁邊的玻璃木櫃也不容小覷，一碗碗黃澄澄的粉粿、一盤盤米苔目與各類豆品，彈口抿唇的綿綿蜜蜜……，幸好這裡人潮始終不停，有時間好好在隊伍中打量自己碗中的自選結晶。

有同行者的「進城」大多如此，吃吃喝喝、走走停停，有時聊著對於藝術創作說不清的期許、有時聽對方說著難解的人際關係，我總是假裝認真的吐出些乍聽頗有建設性的小聰明，其實思緒早已跟著滑進喉頭的滋味們，轉了好幾次自言自語。

**隆田車站的西瓜汁**

高中就在嘉義住校的我，僅存的鄉愁應該只剩下口味，每逢放假過節，能夠返家吃上幾碗飯，也算是身為子女的好習慣。

異鄉遊子和火車站，這幾乎是兩個無法分割的名詞。那是手機還有實體按鍵的年代，循著大學新生入學簡介上的交通指南，滑下山坡、沿著水道、走往最近的車站，我喜歡穿過這些點綴著水田的產業道路，休耕時曳引機攪起土塊，自動化土犁翻出蟲子帶來期間限定的免費自助餐，引來成群結隊的白鷺鷥緊跟在人與機具後頭，這畫面使人放鬆，運氣好的話，濕地間還會飛出幾隻能生出金蛋的水雉與其共伴。

小徑外的臺一線旁林立寫著「菱角」的紅字招牌、漆塗紅菱被太陽曬得充滿繪畫感，五百萬大傘下躲著只露出眼睛的攤主，顧著漫出蒸氣、熱出海市蜃樓的大鍋，紅白塑膠袋裝滿黑色的一包二百或一百。上了跨越鐵軌的路橋，從坡度上迎面來襲的風有著穀物的甜香，還有一股陌生卻有些熟悉的味道；一直到某次跟著來採訪社團活動的電視臺走進佔地廣大的廠區，才知道這是隆田酒廠飄出的麴和蒸餾味，也在那時第一次從比人大的陶甕裡，直接嚐到陳年高粱酒。

下了橋後右轉，雙叉路口起點有間時常停滿補給車輛的超商，左右兩條路其實都可以，但我常選擇有老陳牛肉麵的那條。推開綠色紗門，不會太寬的扁麵給得大方，清透深褐的湯頭配上幾塊肉，搭配臺式泡菜的鹹酸適合替準備迎接家鄉味前做個收心的清口轉換。

某一天，一如既往地前往隆田火車站欲搭車回家，那是個陽光大到眼睛撐不開的午後，路上行人的步伐像極了乾涸的駱駝緩步，同樣走這條泡菜之路的我不敢想像過高的體溫再來上現燙的麵會發生什麼事，只能把希望放在街口的另一間超商。櫃檯前結帳的人們應該都跟我想的一樣，人手皆捧著幾瓶冰涼，無奈腦中的溫度計已經爆出紅色酒精，果斷踏出冷氣房的自動門，尋找有無其他棲身之地。

一旁的豆花店招呼不及，對面掛滿鮮豔手寫字的神祕店面引起了我的注意。

「西瓜、木瓜、牛奶、布丁、椰子汁……。」

「冬瓜、蓮藕、青草、洛神茶……。」

琳瑯滿目的斗大標語綴上幾顆瓜果描繪準確的垂涎欲滴，「怎麼都沒有人排隊呢？」我心想。抱著可能是發現綠洲的欣喜，我點了一杯西瓜汁。

老闆長什麼樣子我已經記不清了，只記得塞得滿滿的店鋪內依然頑強的插著各式標語，熟透的水果們擺在不能稱得上是空位的地方，彼此疊出啦啦隊的陣形，省電漆黑的室內傳來啟人疑竇的涼意，好幾包不知道放了什麼的塑膠袋甚至從天花板垂下。只見老闆用湯勺挖出果肉時的動作顯得太過輕鬆，流出的汁液也有些太多，舀滿半壺果汁機後放入幾顆以家用冰箱製出的冰角，馬達轟轟得讓我心驚膽跳。隨著運轉聲安靜，濾去碎籽的篩網可能還有著上一杯的殘餘，倒進紙杯的液體也顯得有些滑膩，蓋上杯蓋、從最近的塑膠袋裡挑出吸管、裝袋。啜了一小口，我立馬趕往車站的洗手檯清理……。

寫這段文字的當下，想起這三十幾年謹遵外公囑咐、幾乎從未留下廚餘的唯一漏網之魚，我好奇地找找這間神祕小店是否存續，Google 街景遍尋不著帶來的落寞，也不曉得算不算想念、不想再次經歷的可惜。每當與老同學們聊起在學校的回憶時，這間早已不在的店鋪，就像《神隱少女》裡的「油屋」般神奇，成為我們這群人敘舊的共同話題。

## 善化牛墟與「天下第二刀」

後來，由於隆田火車站的班次越來越難配合我的臨時起意，依著火車時刻表，我決定改往稍微南方的站點——善化車站出發，幸好此處北上列車多是腳步較快的自強和莒光。

善化車站外有座沈光文紀念亭，當時南部科學園區正在發展，擴建廠區隨著破土開挖後發現考古遺址的高頻率，讓善化有段還算靜謐的時光，園區帶來的大量移入人口也改善了基礎建設。原本亭子對面有間應該是依著三合院單邊護龍搭起鐵棚的任性小攤，房子低矮到有機會端詳鋪排整齊的磚紅屋瓦，外牆壁面以腰線劃分出上白下青，門窗邊貼著政治人物的新年賀詞和對仗工整的嶄新手寫紅聯。增建出的半戶外廚房有著整套光可鑑人的白鐵辦伙設備：洗手槽、湯爐、操作檯面、折疊桌，還有一旁用角鋼架起、高過屋頂的大水塔，綠色塑膠堆疊椅、餐桌上粉色的餐具小籃、免洗筷套的小夾架、洗不去歲月殘垢的塑膠碗、整整齊齊的一次性薄匙，棚架深處低調的招牌，以紅色黑體廣告字寫上「天下第二刀」。一位大姐手起刀落切著大腸、米腸、骨仔肉，另一位則將胡椒與芹菜粒灑進碗中，最後沖進大骨湯，整套動作行雲流水。

「第二刀只是謙虛吧！」

為了好好端詳攤主們，每次都會叫上完整一輪菜單，天冷時續兩碗熱湯、天熱時帶走一杯偏甜的古早味紅茶，遂成為接下來幾年上車前的犒賞。但隨著車站前廣場的擴寬疏通工程開工，攤販遷移至黃昏市場對面的小巷後，少了旅客的「第二刀」也不再輕快。直到離開校園後有次跟計程車司機閒聊，才發現幾年前好不容易找到的下午茶，如今也揮下了青春歲月的那把殺豬刀。

△△△

除了返鄉的火車站外，研究所時期對善化還有其他記憶。

「誒，今天是五號耶！要不要去善化逛古著、喝牛肉湯？」有在帶貨跑市集、擺攤賣二手衣物的研究所同學敲著燈還亮的工作室這麼說道。

「認真?天才剛亮誒……這是什麼期間限定的斜角巷嗎……。」

「要不要聽聽你在說什麼，期末評圖前得了幻想症喔！」

我放下手中不知搗鼓多久的電路系統，應門吐槽，點上盒子裡最後一支菸，聽他腦子不清醒的熱情解釋：「有剛出生的小雞、鴨，有三噸半的孔雀魚缸、好多手工機具、古董、茶葉、花樹小苗，還有賣藥補湯、土虱、牛肉湯，總之什麼都有啦，而且每逢二、五、八號才開市！」

總說熬夜對腦袋不好，毫無瓜葛的關鍵詞，聽上去竟如此有趣。

回過神，還醒著的同學們都一起出現在善化牛墟。路燈剛滅的天色依然泛著魚肚白，南126鄉道旁停滿各種改裝車輛；貨斗滿載移動公寓似的魚缸正打著氣，鬥魚、金魚、孔雀魚，棚架朝四面拉出延伸容積；好幾挺掛衣架擺滿腹地，帆布揭開、立架翻起；滿牆的手工具或舊或新，幾層塑料籃疊起，叫賣的人端坐在拼湊而成的高架櫃檯裡；車子周圍鋪上幾塊防水布，或綠或黑或藍白拼起交易場地；引人注意的展示區，人們蹲下駐足、拿起端詳再放回去，吆喝聲隨著出價與小動物們的騷動顯得過於野性。或許是商品抖下的灰塵、也可能是腳步揚起的砂粒，我與帶著進香鴨舌帽的陌生阿伯同時起身拿出一包新鮮硬挺的香菸，湊巧都是長壽軟包，只是不同顏色而已。

各種氣味竄鼻，腥臭芳香混雜一起，卻也勾起空腹整夜的肚鳴。幹道漸縮過渡街廓，各式攤位填滿本應隔開的民居，一行人穿梭在有如異世界的百年市集，吊網、斗笠、雨鞋、防水衣，蛇、蛙、鱉、雞、羊、豬、牛，大桶裝滿淡水魚、碎冰鋪著貝、蝦、蟹和叫不出名字的海魚……。煎、炸、滷、炒、燉、蒸，藥膳或是清湯都行，還有祖傳祕方勾人起心。

再次回神，我已經不知道吃了多少東西，手中也多了好幾袋不知為何而買的物品，說是交易牛隻的趕集，不見活牛倒也沒關係，反倒是猛然填飽好幾夜沒闔眼研究生們的身心靈。

## 暗坑波光粼粼，大內有星星

在學校待久了漸漸沒什麼地方好去，大多數比較有行動力的人會前往市區，享受生活機能的便利性，但也有像我們這群喜歡依著在地人口述經歷，在附近山區鑽芒草路的小跟屁蟲。研究所時有個很愛釣魚的學長，天氣好時他總會消失整天，再次出現已拎著滿載的漁獲加菜，有天我被他煎魚的酥脆香到受不了，便鼓起勇氣提議加入。

沒料想到，學長的眉頭深鎖其實只是被油煙燻到，他睜開了小小的眼睛，拉了畫箱作板凳，開始面試我對魚的認識。幸好跟著外公去市場時沒少發問，常見的可食種類還算分得清：「圓潤如熟透木瓜有鬍鬚的是鯉魚、沒有的是鯽魚，大頭鰱背側灰黑腹白頭大身肥、好吃的草魚嘴大背青褐，這個則是常見到不行的破布子清蒸吳郭魚……。」

學長露出滿意的表情，一邊以筷子精確分出一大塊魚背肉給我。

「我有多一支竿，明早七點見！帶你去『暗坑』。」

隔天，機車後座的我背著兩支釣竿，順著電線桿拉出路徑，穿過芒草堆與竹林。窄到幾乎無法會車的水泥路有著低矮護堤，路緣兩側積著厚厚的竹葉與從縫隙鑽出的小草株，幾戶家屋或小寮躲在起伏的地貌間，眨眼開闊的層層蓊鬱可供遠眺，比較密集的村落旁矗立著打點乾淨卻沒有神像的小廟。上上下下、左拐右傾，到了一戶應該是位於制高點的民居，農用紅色搬運車停在龍眼樹下，地上落下好幾顆過熟的土黃相間還有好客的狗與放山雞，散放的搬運箱、蓋著木塊的廣告帆布指出了前方有些陡峭的上行。

沿著路旁不知被誰畫上極簡小魚符號的電線桿，頭頂的黑線指引急降的坡路，終於抵達一間努力想融入環境的綠色鐵皮屋，三面以鐵網搭出了通透，裡面有著一池池的區隔，但卻不是水池。我正疑惑地四處打量，繞著外頭轉時踢到被帆布掩起的木塊堆，才意識到這是間柴燒的窯。蓋著黑網布的池子傳出的味道，隨著迎面輕撫的微風導入鼻息，木質味的香，粉粉的、淡淡的酸，適應黑暗的眼睛才在寮子裡發現剛剛上坡看到的桂圓珠粒。回頭要找學長的

上｜重訪當年在水庫中釣魚的暗坑，不過這回適逢水源充沛、無法走入。

下｜還餘些柴焙香的窯池，希望撿到剛出爐的龍眼乾。

時候，他早已站在柴窯旁的湖裡。

「這裡很酷吧！快把鞋子脫了，過來開始吧！」

我們站在一條剛好浸到腳踝的路上，前後兩端都是水，四周圍著有點猖狂的墨綠，有些枝條甚至插入水底，湖畔四周埋著被水泡黃的樹枝與不時飄來的葉片。儘管我想問道路究竟是通往哪裡，但學長只管聊著之前他造訪時遇到彼端開來裝滿整車的柳丁。接下來，只剩整日的安靜，我們聽著風吹進溪谷的聲音、盯著浮標與波光粼粼。

△△△

要起個大早的戶外活動，對常熬夜的研究生還是有些艱辛，雖然淺山沒有陸海空，但我們的豪華休憩有了水、陸，怎麼可能不想靠近天空。從官田系統交流道上福爾摩沙高速公路，再接至臺84線快速道路往玉井，經過兩座高爾夫球場，會先到一處有點規模的村庄——大內，第一次來到這片躲在山裡的聚落時，真的有種「內庄（lāi-tsng）」的感受。

聽到南瀛天文館終於要開始試營運的消息，鐵定不能錯過那顆全臺最大的天文臺圓頂。沒什麼人的園區有些冷清，但不用排隊就能觀測太陽也算幸運，一夥人爬上傍山建成的平臺，遠眺地平線另一端的惡地，七嘴八舌討論著登月陰謀論與人類一小步的功績；說是對天象有興趣倒也未必，應該是嚮往自由投射出的伊卡洛斯（Icarus）的心。看了星空劇場、地外生命體的展出後，我們如願看到太陽黑子的活躍，心滿意足地買了紀念品，把離宇宙最近的這天帶回去。

回程的路上繞進內庄，大多是平房或二層加蓋，雙線道繞進整區彩度和諧的低矮，雕飾華美的廟宇坐鎮中央。

「買點零嘴，下車走走吧！」

停在北天宮廟埕前，雙手合十向玄天上帝請安後，就去一旁的雜貨店買了玻璃瓶裝的奧利多水與大豬公、吹著膠味滿滿的太空泡泡，走在庄內，遇見幾隻力求表現的貓，抖幾下才亮起的路燈提醒泛著橘黃的幾片雲，我們沿著南182市道，暫別了抱著大內的曾文溪。

## 沒在玉井吃過芒果冰

不是騙人，我真的沒在玉井吃過芒果冰，不是挑嘴也不是任性，只是一直以來吃的芒果冰產地本來就是玉井，早已太熟悉。彰化、臺中，甚至是旗津，幾乎每間對冰品有堅持的店家都會標榜芒果產地，從小吃到大的愛文也來自外公多次的挑選叮嚀。每到夏季，同學都會一窩蜂地衝到產地大快朵頤，就連寢室的桌上，各類漸層紅黃綠也多得像神明廳。

有次再度被同學拉去補貨，我在農會旁的老街區走得意興闌珊，突然眼前出現這間涼菜選擇多樣化的細心擔仔麵，飯細分出肉燥或拌汁，豬、鴨、魚、蚵、蜆、蛤，章魚、小卷、魷魚也辨得清，苦瓜、涼筍、茭白筍、蘆筍任君解膩，豆芽、韭菜或綜合燙青菜，還有各種肉品部位的衍生產品。誰能抗拒這樣將「黑白切」放在心上鑽研的店家。

初見時的畫面依然清晰：掛著紅燈籠的長形街屋用白色裝潢板隔開，前面是內場、後面則是內用區，入口門楣掛著用顏料寫在壓克力板上的菜單，像是故意留下老字號證據的油煙讓反光不再，旁邊的水泥牆上貼著護貝的切盤寫真，玻璃冰櫃擺滿各類生鮮、後頭的鍋子文火滾著醬色炊煙，砧板中央有些凹陷，刀痕與帶著銀光的手勢鑲嵌其上。不高的天花板與整齊靠牆的兩排矮桌椅相得益彰，面對著映像管電視的食客絲毫不在意螢幕上的開獎號碼，每張桌上都擺滿一盤盤。

已經不只是動容了，我果斷拋下要拉我分享芒果冰的果蠅們，點上獨享的好幾百塊，從此開啟對玉井的新好感。

可能當時的專注全部放在點餐，當後來想要向其他人介紹時，才發現我心心念念的黑白切，已經搬到了臺20線。

章之二・走進「惡地」

# 臺 20 線的原點

順著臺 20 線，

自中西區湯德章紀念公園一路往東。

孔廟紅、十三溝面磚、二丁掛、

玻璃帷幕、鐵皮妝點的市鎮街巷，

在片片綠叢襯托夏日藍天的開闊下，入山。

仔細想想，我與臺南淺山的緣分並不止於學生時代，還有那條臺 20 線。

要進入臺南淺山地區，臺 20 線是最主要的幹道，而這條道路的起點是市區的湯德章紀念公園圓環處，周邊有著天壇（天公廟）、孔廟、日治時期的臺南警察署……很長一段時間，臺 20 線的起點，同時也是我最熟悉的散步路線。

初訪臺南，定會在圓環裡暈頭轉向個幾次，每次右轉都需小心謹慎。這裡的七個圓環放射出城市演化，從清領的城門、日治的市區道路改正，到八、九〇年代的都市計畫，這座古老城市的街廓日漸分區清晰，車行道路間，建物們摩肩接踵，縫合不在規劃內的景觀過渡。

從小村到舊城區，我搬進老臺南人口中的「民生綠園」、也就是後來的湯德章紀念公園好幾年了，天壇旁的巷弄老房見識過數不清的進香謝神與觀光導覽、太平境教會的雪白立面和鐘塔十字架在透藍裡醒目，鷲嶺上的原臺南測候所潔白胡椒罐旁傳來爆竹與吶喊，幾乎每個難得補眠的日子都是以這幕撬開眼簾，木窗清玻，隔不開信仰遇上紅字日的好運呼喚。

在約定時間內抵達目的地，如果從頭到尾都是待辦之事的話，那叫出差；倘若只有像出門覓食這樣單純的目標，那沒有預設的走馬看花，倒也成為多添一分愉快的出遊。

有別於求學時的山道輪行，搬到臺南舊市區再離開職場，回歸接案生活的好處莫過於臨時起意的動身：與客戶碰面前隨機選擇的外帶咖啡、行程空檔間的打打牙祭、結束工作後的閒晃舒心。身為老城區的新住民，可以經由名不見經傳的小徑來避開偶爾紛鬧的外鄉人，穿梭在足以證明在地人身份的深街巷弄內——一個鐘頭左右的散步，足以弭平過於喧囂的昏頭。

中西區的民生綠園周圍，是我暗自圈定的管區，每日定會巡上幾次。走出家門外緊鄰大樓、增設於巷內的機車棚，偶爾有坨貓咪在座墊上休憩，好幾輛鍍上灰塵的單車比鄰而停，上頭有褪色的烤漆與脆黃的貼紙印，我那輛還貼著學校通行證的打擋機車也在這裡，只是停放地多了攤油油的黑影。

剛搬來這裡時，鄰居有位在天公廟幫忙的好客奶奶，她一聽我是藝術大學畢業的學生，就興沖沖邀請我爬上加蓋的石棉瓦倉庫挑東西。仿古陶店鋪有著許多不復見的精巧老品，與胸齊高的一對青花窄頸大瓶立在門邊，上頭放了幾支應該是用來裝捲軸的裹布長箱，亮紅金繡用乳白色的小牙釦以繩結綁緊，齊平後再用攤平的瓦愣紙箱打穩根基，層層堆至上方的植松和水仙盆皿。轉折優雅的墨色磨石樓梯被過於華麗的吊燈照出滄桑，只剩下扶手那道滑潤反光，寫意糊泥掩蓋不住往二樓爬上的裂痕，靛藍角鋼層架與吊櫃遮掩著所有牆面，滿室陶瓷與裝飾品來自各處，中國、日本、臺灣，但都是復刻的時間，景德鎮瓷器、美濃燒、鶯歌陶瓷或許都在裡面。

「這隻唐三彩的駿馬賣得可好了，釉色幾乎跟故宮一樣，以前都是日本客人買來當伴手禮喔！還有玻璃櫃裡的那只茶碗，做得跟古董一樣……，阿弟仔，你學美術的吼！這些都是仿的珍品喔。」奶奶撥去商品積灰的手黑了一片，一股腦地跟我分享這些她心中的寶貝。「仿古放久了就跟真的一樣。」

她一邊解釋刻意使然的染塵原因，一邊期待我吐出學美術者該有的應和。「所以，最貴的是時間吧！」我搓著手指的灰。

奶奶露出令人難忘的表情，眼神從熱切推銷變成某種很難描述的釋然，放下手裡盤了太多條龍的花瓶，拉開抽屜，翻出一掛用塑膠繩圈繫起的鑰匙串，領我上樓。「我就住在這間，這張桌子有沒有興趣，檜木的喔！老伴走了一直沒人手搬走，我腰不好啦，坐不住，兒子腳也不好，女兒也不常回來……。阿弟仔，自己搬，算一千五就好啦！」這突如其來的銷售有些唐突，老檜木桌的價格遠高於此，而我也沒有承接這句邀約的能力。

終於進了頂加倉庫，從窗戶斜射進的光束切分開門揚起的浮塵，日光燈啟動器頓了好幾下才緩慢亮起，擺放整齊的木箱、紙箱、油紙包裹的量體，方便整理的動線邏輯——這裡已經很久沒人造訪，卻隱約感覺到那張搬不走的桌子原主人是何其貼心。我的目光被窗邊架上一隻從泛黃裡探出身子的白瓷小鹿吸引，摳下沒有黏性的膠帶、褪去早已定型的紙團，牠跪坐在我手裡的四足蜷成一塊，昂脖頷首的神色若有所思。或許是注漿翻模的出生，身上的肌肉線條特別明顯但還算和諧，那對小角沒有雄壯對稱與開展，稍微前後零落顯得可愛，我想拂去牠身上的灰，可覆上的光陰過於頑固。

「你喜歡這個喔！記得這隻是挑剩的，我不知道要怎麼賣誒。」奶奶笑著說。

「跟桌子一樣價錢呢？」

「不用啦，這個很年輕啦，五百就好！」

小鹿就這樣跟我回家了，牠搬到隔壁的一樓，依然在窗邊的架子上。

△△△

幾步外的巷口，會計事務所前有片打理清爽的花圃，門內也同樣窗明几淨，不分季節的花兒鶯鶯燕燕。每次經過我總會偷偷打量，下車的訪客穿著低調，但手中行囊卻飽鼓如鳳仙花果莢，架高小花園的居民隨著節氣換了好幾遍，原臺南測候所後深根多年的老樹們，不知已見證了多少年。

右轉，會先聞到雞蛋花，從天公廟屋頂飛進鶯（うぐいす）料理的斑鳩應該不是剪黏，差點變成停車場的料亭庭園被再次喚醒，入口處曾掛著雨鏈（鎖樋，くさりとい），形似乾透的風鈴搭著從靈驗壇中傳出的持咒祈願，擲筊落地打斷信眾的禱念，街邊眾金紙鋪們攬著過客，兌換神界匯率的希望和笑臉。

左轉，也可以沿著測候所風力塔下的十八邊形繞圈，讓太平境教會的禮拜聲提醒時間，臺灣話的唱詩詠出百來年，燃燒的荊棘在魔幻時刻於圓環顯現，銅綠屋頂的原臺南州廳襯在背景，鳳凰花往肩上撒些日落的影跡，路旁造景綴著臺灣文學館精心挑選的字句，有時懷念過往、有時替即將迎來的下頓餐食指點迷津。詩人筆下對小吃的描述格外精心，以土地風景入菜，再佐上故鄉的食材，像老臺南人葉石濤先生在得了第五屆國家文藝獎的感言：幾撮文學的地上之鹽，健康了身心的期待。

南門路另一側曾是豬肝紅漆的市警總局，洗回金褐的十三溝面磚後，素燒陶面凹凸摺線拼出原臺南警察署的牆面。如今這裡已成美術館一館的建物，只有入口旁的老榕顯得不甘寂寞，露著臉。

過了友愛街十字路口，整條朱紅飽和得沉穩，孔廟圍牆旁只要停著機車，就會在街邊石椅上遇見走象棋的老先生們，幾杯熱茶和一張薄木板、鳳凰亮橘花瓣落在楚河漢界，來上幾次叫吃的疊子聲。有次戰役打得火熱，我以香菸交換在旁觀戰，還幸運分到贏棋的烤香腸，倘若盤面陷入長弈，我便會穿過「全臺首學」對面的泮宮石坊，看看遊客體驗手作椪糖，用預判糖是否發起來自娛。

雨天，途中少些拍照合影的行人，車水馬龍也顯得冷靜。買顆熱包子、配杯冰菓室的紅茶，最終沿著公園走向偶爾傳出劍響的武德殿，躲在屋簷下，回想曾多次起心動念想好好學習劍道，嚮往下班後向同事、上司揮劍吶喊的日劇情節，卻都在嚥下午茶後隨著放晴，走回石板路後又忘了一遍。

每當友人造訪，我喜歡用這條路線迎接，分享已如數家珍的日常，但有個旅伴也能使人願意脫離熟悉的循環，鑽進巷弄探索一番。

方形鐵桶中還流些沙拉油、瓦斯桶高高低低相依偎、盆栽裡的植物早已了無生機、冷氣室外機座在令人驚訝的位置、機車魚貫塞滿難錯身的稀有空缺，捲門半掩露出被雜物圍起的客廳、鐵條防止起居範圍可能的入侵、剛洗好的衣物就掛在頭頂，爭著限定範圍中幾絲微光。

中西區公園路上易手多次的店面，
拆除裝潢後露出原本應是過去大戶人家廚房的精緻牆面。

△△△

某次卡在電腦前，螢幕光取代太陽，已逾整週的棘手案件終於迎來交件曙光。清晨鬆口氣，我決定拖著失神的身軀出門走走，順便尋覓足以慶祝再次活下來的第一餐，這次可不是一聲客套能弭平憋了滿腹的不快，下定決心要嚐到全新滋味的早餐。

中西區的早晨很美，尤其是有粉藍天光的那天，路上除了趕著送達的菜車、羊乳、報紙外，大家都走得緩慢，我沿著散步路線晃到圓環邊，趁著無人打擾的空檔走進公園，想在此考慮要往七條路中的哪條走去。

住家旁的中山路，是每次節日大包小包時，計程車送我搭上返鄉火車的路線，駛出圓環後的婚辦店旁，有戶立面佈滿九重葛的街屋，分隔島上插著「臺 20 線 0 KM 起點」的大綠牌格外顯眼，有座胸像背對這條路線，在兩棵樹和圓環繞行的藍色標示旁邊。

坐在湯德章紀念公園中央高起的台階，看著四面八方的車流進圓環，我想起那道總是指引回家旅途的背影，起身朝南橫公路起點的方向走去。稍微比人高些的塑像顯得平易近人，梳著油頭帶著微笑的表情，不像以前在學校看到的那些會傳出校園傳說的浮誇大銅像，不規則石板拼成像是城池般的基座上，有塊刻滿金字的花崗岩──「湯德章律師事蹟」，是讀著再多字句也說不盡的四十年歲月所堆砌出的勇氣與正義。隨著律師的目光望向遠方的林百貨，思緒一路往海而去……，那天早餐，最後點了虱目魚肚湯，捧起碗，喝盡所有後便睡去了。

△△△

在臺 20 線的這一端徘徊了許久，為了準備淺山餐會而進行了不曉得費時多久的紙上調查和雲端地圖閒晃，結束一切前置作業後，終於要與夥伴們一同再次走進淺山。依著杏珍姐給出的約定地座標，在開車前往左鎮的路途上，我看著窗外，高速公路上傳進車內的風切聲與沿路的風景讓出發前的盹睡不在，以為早就拜別的淺山，隨著想起求學時體驗的種種回憶，有種陌生的熟悉感。

公路上立著的告示牌，在夏日無雲的藍天前預告擠在一起的房子們，這些房子逐漸被田野和農地工廠劃開，越來越多的綠映入眼簾，速度讓這片不高不低的蓊鬱刷成邊界交融的好幾塊，被道路兩旁電線桿串繫。下了交流道，我不再需要小螢幕裡的路線規劃，與腳下的灰地毯和前方的山、路旁的竹林及面熟的燈桿相伴，左轉是大學時曾參訪的山上花園水道博物館、往前則是想與朋友在橋下找化石卻因天氣而取消邀約的菜寮溪，再一路順行，能通往老同學最愛的芒果冰與我的擔仔麵。

但我知道，這次不只是解饞滋味而已——

幾年過去了，我就住在臺 20 線旁，與淺山遙望。

# 柑仔店講古

春風是我的腳步
行過溪仔岸　行到市仔散
⋯⋯
崩坡山是我的粉餅
一巡一巡必　一片一片碎
⋯⋯
故鄉溪水一直流
流啊流　青春留袂牢
彼時的愛人已經老

——節自〈故鄉是我的愛人〉（謝銘祐）

臺20線自玉井進山的道路即為南部橫貫公路，也就是俗稱的南橫公路，「駛在南橫公路上」，有如一部濃縮的公路電影，這條路也是研究所時曾與朋友機車環島的我，心中唯一的缺憾、沒有攻克的路段。繞著全島走，山、海線像在畫地瓜，極限踩點南北兩端的燈塔是二十四小時耐力賽，跨越山脈的北、中、南橫貫公路則是有過繞島經驗後的極限挑戰。這三條源於日治時期為了連接臺灣東、西部而開拓的路線有著多層意義，當時的統治者為了全盤掌控早已居住在土地上的原住民，將路網延伸進山；是政治權力的宣示，也是為了開發隱於山中的資源。回看橫貫地瓜的這三刀前警備道，北部是角板山三星警備道、中部是合歡越嶺道與大甲溪警備道、南部是關山越嶺道，隨著「島嶼主人」與用路人的流轉更迭，道路的開墾、擴寬、改道、修補，對喜愛追尋過往的我來說，繫起的不只是兩個端點的旅途時間。

淺山行的第一回合是左鎮，前往左鎮的路上，擋風玻璃外的片片翠綠逐漸堆成一叢叢墨綠，獨自一坨在街邊屋旁連成一串小小隆起，還有像是被風吹亂瀏海露出額頭般，突然見客的土坡和崩壁。跟出發地的街景相比，兩旁的景色也是擠擠的，不過這些堆在一起的綠色啦啦隊彩球，雖不井然有序卻更使人心曠神怡。安插其中的人造物也是形態各異，像是要與這片鮮活野地搶位置般塞滿沿路，難得的空白就只有流經的河道和通往山中的小徑、或是偶爾出現的耕地。

感恩順暢的交通與車上冷氣帶來的愉快，一路順利，直到手機收到杏珍姐和怡慈傳來會稍晚抵達的通知，導航傳出「您已抵達目的地」。

下車的炎熱讓人懷念出發時的清晨，因溫差起霧的鏡片把思緒拉回夏午，臨路三角空地上，兩間低矮的平房勾起童年回憶。

「您好，我是這次活動的負責人……我叫佑任。」

大門敞開的室內傳出一聲不見人影的爽朗回覆：

前往左鎮路上的臺 20 線。我們不禁慢下車速，跟著地勢起伏緩緩高高低低。

「先坐！我在燒水，等等泡茶聊。」

△△△

「歡迎！歡迎！這裡是頂菜寮柑仔店。」

提著五金行常見水壺出現的是臺南市菜寮溪產業觀光協會的茅明旭理事長，再次自我介紹與表明來意後，理事長問：「有什麼是我能幫忙的嗎？」正當我還在想著為何踏查淺山的第一站，杏珍姐會安排來此時，她與怡慈終於風塵僕僕地到了。

「要做淺山，一定要先來左鎮拜訪茅理事長啊！淺山可是他的故鄉。」杏珍姐拿出筆記本說道。趁著大家寒暄敘舊，我用終於適應陽光的小眼睛開始環顧四周，水泥粉光地面跟從前二水老家的一樣，起沙的質感就算隔著鞋也足夠懷念，上頭竹屋架經緯交錯，托著排列整齊的瓦片，幾盞本應掛在農寮裡的手持工作燈吊在上面，暖色光渲染比外頭涼快的房間，拉開桌下的長板凳，一行人很有默契地等提著沸水的茅理事長入座後一同坐下。

似乎缺了熱茶的故事就不香，就算是在過分晴朗的午後，每個人面前都被奉上一杯倒滿的金黃。

當臺灣人不知要怎麼開啟話題時，從食物起頭，向來能引起共鳴，就跟打招呼會說「吃飽了沒」一樣。

「茅理事長，有什麼是你從小吃到大的？」

「以前長輩會做木瓜粽啊！還有花生粽、花生粿，左鎮的花生很好吃喔！硬硬小小的，味道特別濃，跟那個黑金剛不太一樣，磨成漿特別香……。」

在我心中，粽子配花生就跟布丁配焦糖一樣，缺一不可，從小吃到大的粽子一律都有包花生，中部粽會先將糯米泡水二至三小時，炒至三分熟後再與包料一同蒸煮，花生恰好地銜接豬肉角與乾香菇的嚼勁、蛋黃和栗子的鬆軟、糯米的彈牙（住家附近的再發號雖然好吃，但我更偏好裡頭再添點花生）。聽到花生入粽，我是點頭如搗蒜，但「木瓜粽」是什麼呢？

「就是用木瓜礤簽（tshuah-tshiam）包糯米跟豬肉喔！我們的粽都是用月桃葉包的。」

「屏東也是用月桃葉包的喔！」來自東港的怡慈細心說著月桃葉的包法。

想起家中長輩說過稻米缺產時的地瓜簽飯，便問：「為什麼用木瓜？」

「以前外頭隨處可見木瓜樹，可能是因為這樣吧！」

「現在要吃，只能去左鎮農會對面找秀娥阿姨看看，但做那個很累啦，不一定有喔！」理事長將眾人的空杯再次倒滿茶湯。

有別我對粽子的熱愛，杏珍姐問起花生粿：

「屏東內埔、高雄美濃有用在來米粉、蕃薯粉做的花生豆腐，是類似的嗎？」

「應該不一樣喔，那個我記得是客家的，去吃吃看就知道了。」

理事長笑了笑，往茶壺添了匙新葉。

「那個是鹹的吼？我有吃過沖繩的花生豆腐（ジーマーミ豆腐）沾黑糖粉！」

喝茶喝到想配花生或甜點的我說道。

「是啊，惡地這邊的土鹹鹹的，長出來的東西個頭偏小、味道濃縮，不管做什麼都比別的地方香。」茅大哥接著說：

「早期在左鎮有滿多人養牛、羊的，因為這邊的土壤鹹，而養牛、羊要幫牠們補充鹽分。大部分都放在溪邊，但還是會趕到惡地那邊，就會有現成的鹽巴！不管是吃土還是草都可以補充到，所以左鎮的羊肉、牛肉味道很濃郁，很好吃喔。天未亮的時候，會有人趕牛到善化的牛墟，沿著外面那條路慢慢走，中午左右就可以去賣個好價錢了。」

回想剛剛的路程，我不禁幻想牽著黃牛走在上頭的情境，雖然現在吃到的臺南牛肉湯用的大多是乳牛，但拉車趕集的目的地還是一樣。

聽到的當下，覺得自己好像侯孝賢電影《冬冬的假期》裡，回苗栗外公家過暑假的冬冬。在官田區求學時，總會在還未入眠的清晨，跟班上同學去牛墟吃早餐，想到當時喝到的鮮甜牛肉湯與左鎮的連結，讓我與眼前這位大哥又更親近了一些，有點像冬冬跟外公吧！

當我還在回味的時候，茅大哥又斟滿因嘴饞一飲而盡的空杯，並將時空往前拉了一段。

茅明旭理事長正聊著於菜寮溪撿拾化石的童年過往。

「月世界以前很多山羊喔！雖然不好耕種，但對山羊來說是很棒的棲地，牠們會在那裡攀爬、找草、補鹽礦，田寮、大小崗山、燕巢都是。高雄岡山正好在這些地方的交會，有了交易、變成市場，就有名了啦～左鎮也有羊喔！」可惜現在的泥岩地形看不到野生山羊，不然在一片灰地上站幾隻臺灣黑山羊一定是幅奇幻的風景畫。

茅大哥接著分享：

「噍吧哖的時候啊，日本兵攻進左鎮，聽長輩說，當時大家怕危險，都躲進惡地那邊。因為那裡對日本兵來說就跟迷宮一樣，一片片長得很像的灰牆、很多條小水流，還有寸步難行的泥巴。但村裡的人很熟啊！怎麼走、往哪裡，我們都很清楚，帶著的東西吃完了，我們也知道有什麼草可以吃，哪裡的水可以喝，可是日本人都不知道，整個進攻速度就很慢。尤其下過雨後，上午、下午的地勢都不一樣。」

也許是茶湯泡開的速度趕不上貪嘴，茅大哥又輕描淡寫說出令我驚訝不已的內容。經歷課綱本土化剛起步時期的我，聽到這個有如正發生的烏俄戰爭中鄉野游擊的過往，過去課本上以不到一頁篇幅帶過的「噍吧哖事件」，竟然以如此生動的口吻，描述著遙遠的字句……，那是屬於從前從前的，淺山的故事。

「大武壠（Taivoan）」、「噍吧哖（Ta-pa-nî）」、「玉井（Tamai）」，大武壠族、漢人日本人，西來庵事件、玉井事件、噍吧哖事件，不同名字描述同一段抗爭的過往，稱呼的改變也影響居於此地的人們，那些此消彼長的認同與所求。從沒想過自己所知道的「歷史」是如此片面，以發生地留名的事件只是起源或結束的地點，「噍吧哖事件」不是單從府城的西來庵直直通往玉井，而參與其中的人也不只是書本上留名的那幾位。

△△△

早在日本人來臺前的清代，中南部本來就有數千間糖廍與糖間，設在甘蔗田附近的小棚屋，將甘蔗加工為青糖（粗紅糖）、白糖、冰糖等。清領時期，官員擔憂大家會因為糖價不錯而一窩蜂種蔗製糖，導致糧食米穀產量不足，因此開始限制蔗糖產量。到了日治時期，有別於清代的有限規範，日本人覬覦製造與出口糖的龐大利潤，關閉這些私人小工廠，並規定所有甘蔗只能賣給日人的糖廠，收購價也由對方訂定。

在追求屬地的經濟發展面前，過去可自由進出山林開採樟腦、苧麻來貼補家用的人們，也因林地幾乎都收歸國有，越來越苦不堪言。❶

屋漏偏逢連夜雨，一百多年前，臺灣遭逢數個嚴重的颱風（一九一一、一九一三、一九一四），一九一一年世紀大颱風的驚人降雨量，使得河流水位瞬間暴漲，水淹都市，農作物也難逃滅頂。南臺灣的急水溪、曾文溪、高屏溪氾濫，經過這些流域的交通路網隨之中斷，公路崩毀、鐵路班次停駛，無情

的泥水衝進當時的臺南，夾雜城市的污水，一度引發傳染病流行，時隔兩年，尚未休養生息好的土地，又接連遭遇無情的風雨。❷

農人生計受損又遇上天災，土地被徵收、沒了甘蔗再加上果腹的米價飆漲，咬牙撐下來的日子，頓時被大水沖去最後希望。

「原本在山區生活就夠辛苦了，這些新來的日本人憑什麼！」

淺山的人們，夾在平地與高山之間，除了面對資源有限的自然環境，也時不時要奮力抵抗進犯者的暴力。積累許久的民怨遇上危急存亡之際，就差那聲登高一呼而已。

△
△
△

❶ 林婷嫻採訪撰文（2017），〈當活不下去成為事實，抗爭就是義務——噍吧哖事件〉，中央研究院「研之有物」科普媒體。

❷ 林雅娟整理（2023），〈1911 年世紀大颱風：災後臺灣河川的命運轉折點〉，中央氣象署南區氣象服務官網。

清朝出生，上過私塾的余清芳，遇上了時代的轉換。熟悉日語、當過日本警察的他，仕途不算太好，或許是因為那有如斷根的出生背景與幾番波折的求職運，幾次解職後他轉而投入信仰活動，一邊傳播齋教、一邊鼓吹信眾抗日，後來參與了臺南西來庵的扶乩活動，以「王爺」為號召——五福王爺、五福大帝、五瘟使者，在民間信仰中，司掌著「逐瘟」，是驅逐瘴氣與疫病、保佑鄰里安寧的神祇。就在這樣的背景下，他成為眾人的寄託，越來越多無助的靈魂聚在放著沙盤的神桌旁，余清芳等人拿起法器幻化為神的代言人，發起了日治時期臺灣規模最大、犧牲人數最多的「噍吧哖事件」。

一九一五年，亂世與信仰，遇上能言善道且熟知日本警備模式的余清芳，動亂起初打得非常順利，當時駐守每間村庄派出所的員警只有幾人，負責維持地方治安、定期向中央發電報回報情況，余清芳與其夥伴江定就這樣帶著自詡刀槍不入、武力值滿點的數百人，逐步推進，直到總督下令，送進帶著機槍與大砲的正規軍……。

發生戰鬥的地點，主要位於臺南東南的丘陵地區，左鎮、玉井、南化、楠西，以及楠梓仙溪上流的甲仙、杉林一帶，其中噍吧哖一帶最為慘烈，噍吧哖為玉井的舊名，是原大武壠族噍吧哖社的所在地。四次主要的戰役中，發生於八月二日晚間的「南庄派出所之役」，讓日方於隔日派軍前往南庄（今南化區），搜索左鎮、內庄仔、菁埔寮等村庄；六日抵南庄後，火燒附近民宅，從南化打到甲仙再回到南化，最終落幕於虎頭山。❸

整片淺山地區，幾乎都籠罩在戰火中，刀光劍影、子彈打在藤編的盾牌上，砲聲隆隆、不同的語言發出生死吶喊，原本以為能改變「天命」的抗爭，卻如造化弄人般，在山林間消散。

△△△

茅大哥口中的「躲進惡地」，或許說得清淡。噍吧哖事件，被日本政府界定為

❸ 溫振華（2015），〈噍吧哖事件歷史場景〉，《臺灣學通訊第 89 期》，頁 26-27。

「土匪與民亂」，又被戰後國民政府形塑為「抗日神話」，但如果以所謂的「革命」來回顧這段武裝抗爭，似乎只是在淺山人憤而求生的拚搏上加油添醋；當生存成為首要目標時，「活下去」是唯一，且最有力的念頭。

「吃飽沒」作為打招呼用語的習慣，應該就是這樣在先人們一次次直面生死攸關之際，而被傳承下來的吧！

閒聊中所提到的在地物產們，如同與這片土地好好相處後所栽出的痕跡，除了礦物鹽分外，多了汗水與淚滴。而那串我心心念念的木瓜粽，或許也包進淺山與人們輾轉於惡地間的求生期許。

△△△

當我正為陷入追憶的長考而感到些許懊惱時，其他人的話匣子早已回到食物上。記不清是誰提起的：「理事長，除了剛剛提到花生跟木瓜，還有什麼滋味是您特別難忘，或是覺得能代表淺山的？」

「難忘嗎？家的味道吧！」還在腦中拼湊噍吧哖事件與左鎮的我回過神，突然意識到眼前人的祖輩或許也曾經歷那段過往才能說得如此鮮明，而流傳下來的字句也可能指引出往昔的滋味。

「我們最近有成功種回『野刺莧』，跟大家在吃的莧菜不太一樣，就是『豬母刺』啦！」跟著起身的茅大哥走到後頭的小院子，紅磚矮牆旁有幾株齊腰高的植株。

想起小時候去菜市場，母親獎勵早起的我所買的小書，是每本五十元的方形故事：伊索寓言、格林童話、日本神怪的無版權複印，有段講日本武士打鬼的故事我仍記憶猶新：「村人將武士擊敗的鬼放進大杵臼裡榨汁，用流出的鮮

柑仔店後院野刺莧的莖與磚紅在午後相映。

紅液體來灌溉被鬼吃盡的貧瘠田地，一夜長出的蕎麥莖幹鮮紅，全村便以赤色的麵點來填飽肚子……。」這段回憶讓我對紅龍果、甜菜根、紅鳳菜至今都還有些顧忌，眼前帶刺的鮮紅植物又再度召喚那段應該算是挑食的回憶。

「以前這邊到處都是，田邊、路旁、小路上，後來耕地擴大，就越來越少看到了，我們成功把她從記憶中種回來了。」原產地為熱帶美洲的野刺莧，不知是何時來到臺灣的，從南到北都看得到，耐乾旱與貧瘠，對土壤要求不高。或許是這樣的特性，讓理事長覺得能代表有著泥岩惡地的淺山地區；有人稱假莧菜，泰雅族人稱之 Pakkara、排灣族人則喚她作 *Zyazyuri* 或 *Zyurisu*，有著許多名字的她也跟淺山的故事一樣，強健而旺盛的生長著。

「這些都可以吃喔！」茅大哥指著點綴這塊角落的腳下綠意，驕傲地介紹著，怡慈與杏珍姐的手機快門跟筆記停不下來，我則看著柑仔店後頭通往村內的小徑發呆，路旁果樹上果子被細心呵護套滿袋，相較之下，地上的草兒還比較自在。

「長得很好耶！理事長有用心在顧喔。這些可以做青草茶、這個炒盤蛋很香……。」一行人七嘴八舌地討論著，如果我是旁聽的「雜草」，鐵定替自己的去留感到瑟瑟發抖。「沒有啦，就來的時候澆些水罷了。」理事長牽起水管灑著，拋物線水花劃過晴朗無雲的天空。

△△△

叨擾於已近午後的時間結束，早起只喝了冰咖啡的我，被茶暖開了胃，道別前再三確認秀娥阿姨今日休息，只能改日再試試理事長口中的木瓜粽美味。車上忘了拿下的咖啡早已回溫，一邊想著去哪覓食、一邊懊惱剛剛因太想嚐嚐野刺莧，而深陷於想像中的烹調法。

「能跟莧菜用一樣的煮法嗎？或許做碗吻仔魚湯……。」想到這裡，血糖過低的腦袋羨慕起曾在月世界吃飽飽的野山羊，同時也遙想遭逢戰事的村人與日本兵。

「惡地不餓！」我心想。

時間帶來過去，而故事，彷彿一直都在食物裡。

# 善惡的土

臺南淺山地區幾乎由白堊土所構成，
白堊土的臺語稱為「白墡格土」，
又稱「海銀土」。

由於好友在高雄，有段時間常往返臺南高雄兩地，從臺南車行往南的路上，總會不自覺在進入港都前被窗外如月面的山壁吸引，隨後，兩旁的煙囪才宣示著早年的工業革新，標示塑料、水泥與它們的產地，可說是最接近現實科幻的景色了。突然出現的荒蕪、碩大的人造物，彷彿在猛力說著人定勝天般，證明人類的一小步……，似乎把這塊土地比喻為幾光年外的月世界，就能替陌生安上奇觀式的幻想。

「惡地泥岩，因其高鹼性、粉狀、黏性大的特質，寸草不生，土吸水膨脹後幾乎是一攤泥巴、但乾燥後又容易產生嚴重的龜裂，水份能輕易進去泥岩內部，就這樣週而復始。水系複雜、刃嶺式山脊與狹窄的河谷錯落，每逢下雨都會進行著一遍遍肉眼清晰可見的改變。」

重看這段已不確定是從哪個旅遊網站上抄下的介紹文，雖說已經比大部分觀光資訊來得清楚，也大致說明了地貌的成因，但總有股「少了什麼」的疑惑，便在手機備忘錄中記上一筆。

直至真的要舉辦淺山餐會前，煩惱如何在文宣上寫些向賓客介紹有關淺山、惡地的短文時，才翻著庫存的關鍵字筆記，找到了這個字：「土」。

土從何而來？

△△△

「月世界」，位於島嶼西南方的惡地，大致位在曾文溪以南的區域，包括臺南左鎮草山、龍崎牛埔與高雄田寮、燕巢等處，地層以厚厚的「泥岩」為主。當臺灣北部因受板塊擠壓，自淺海抬升為陸地時，西南部仍沉在半深海裡，因而持續累積附近地區帶來的沉積物；經由數萬年岸上河流淘洗進海的過程，形成了厚度大約四千公尺，時代約為五百二十萬至四十萬年前的「古亭坑層」。

隨著島嶼緩慢抬升，臺灣西南部大約於距今四十萬年，成為淺海到三角洲沖積平原的陸相環境，曾在海中的泥巴地也跟著板塊運動上升，遂成了今日我們看到的月世界惡地。❶

讀到這段有關月世界的身世之謎，才突然想起之前一直想去菜寮溪撿化石的尋寶之旅，還有這片土地鹹鹹的成因，而那逢雨就換張面貌的環境，其實是數萬年風化的持續。這片土地，並非單單是青灰泥岩而已，在數萬年前的沉積過程中，還有著不同來路的砂、生物的痕跡、淺灘的貝殼、海中的珊瑚礁……，隨著雨落下，向海而去，乘著水流磨去稜角，慢慢變小的顆粒們混雜著。就像小學自然課的實驗，將一把花圃的土加水倒入燒杯中，等待攪拌的水波靜止後沉澱，由下而上分層，揭示出土的組成，而我們只是恰巧站在這時的土上面。

回想那天茅理事長稱呼惡地的「土」時，用臺語說了兩個好美的名字——「白

❶ 蘇淑娟等著，《臺灣惡地誌：見證臺灣造山運動與四百年淺山文明生態史》（新北市：野人文化，2022），頁37。

墡格土」、「海銀土」，比起白堊土、青灰岩都來得更有記憶點：白墡格土，白色的土部首旁寫著善，古人會混油攪和以用來裝飾門牆。海銀土則是從海鹽土來，念起來有些類似「海因土」，可能是因為土面有層灰白色的鹽晶粉粒，在滿月光暈照射下染成整片陸上的白湧激浪。

前者有種欣然接受寸草不生後，仍然辛勤工作的轉念，想著如何從這片土地上找到生存與共生的可能；後者則有如努力開墾一整天後，在日落時分喘息休憩時，看見月色灑落的淡然，也可能是自海的彼端而來，在山中懷念當時渡水來此開墾的勇敢也說不定。

語言真的很巧妙，「惡地／月世界」、「白堊土／白墡格土」、「青灰岩／海銀土」，看似遙遠的月面實際上是土地創生的從前從前，面對荒蕪貧瘠仍轉念接受不放棄，身於山中、夾在高山峻嶺與廣袤平原間的淺山地區，用她從時間中挺出的灰白崩坡、河床中顯露的化石，繫上了自海而來的記憶。

或許是環境同樣困窘，居於臨海與靠山的鹽分地帶的人們，都有著因接受現實而奮勇的樂天知命。生活中時刻都在面對生存議題的「淺山民」，逐漸發展出有別於豐饒地區的「自立自強」性格，齊同開墾、修習武術、結隊保衛家園而形成今日廟會活動中的宋江陣，統治者口中的民情剽悍，則在噍吧哖事件中留下堅韌的存在證明。

△△△

每逢二二八，我都會待在家中足不出戶，除了躲避因連假帶來觀光人潮而塞得水洩不通的臺南，也對某些店家推出促銷宣傳感到不自在。

二〇一九年十二月，❷往常的散步路線擠滿人，圓環公園旁停下幾輛軍綠的老爺車，像從老照片走出。穿著黃埔軍服的一行人持著槍，押解一位被五花大綁、白襯衫與臉上滿是血跡的中年男子，士兵揮舞手中上著刺刀的長槍，驅趕圍觀的群眾，腳步踉蹌但神情堅定的男人被一路帶往公園一角的榕樹下。

領頭的軍官從口袋中拿出紙片，攤開後大聲念出所謂的「判決」，整座圓環頓時沉默了，只聽見繞行的車輛與指揮交通的哨聲傳來，男人本站得直挺挺的步伐被槍托擊至跪下。

「如果你們一定要有一個人，給一個交代，那我一個人就夠了！」

他用宏亮的臺語喊著。

槍口對準用日語吼著「台湾人万歳！」的他，板機扣下後，凝結無語的安靜中，傳來強忍淚水的吸鼻聲與此起彼落的不捨。被實境劇嚇到說不出話的我，不知道要做什麼反應。

父親坂井德藏為熊本人，因過繼新居家改姓為新居德藏，母親是臺灣鄒族人

❷「湯德章事件情境劇」，少了一個之後，2019。

湯玉。一九一五年，湯德章八歲，噍吧哖事件的戰火帶走了任職於噍吧哖支廳南庄派出所（現為臺南市玉井區南化分駐所）的父親，小德章則在工友的幫助下逃離現場，也幸好母親湯玉平時總是熱心助人，在庄裡人的幫忙下，平安在噍吧哖事件中活下來了。

一九二一年，湯德章十五歲，入臺南師範學校就學，一九二四年，因服裝不符規定被校長訓示不服、缺課過多而輟學。隨後返鄉於玉井糖廠邊打工邊準備巡查考試，一九二六年通過試驗後，隔年於北港郡（今雲林北港）任職，開始了與父親相同的警察生涯。一九二九年文官考試合格，一九三三年派任為台南州警部補，成為當時台南州臺籍警員的第一人。一九三五年年被叔父收養，改姓「坂井」。因其正義的性格，警界生活一帆風順的湯德章，看不慣當時受到日本警察差別待遇的臺灣人，一九三九年辭職後帶著家人前往東京攻讀，一九四三年通過考試，湯德章返回臺灣申請成為辯護士。一九四五年他被推選為臺南市南區區長，一九四六年當選為臺灣省政府參議會候補參議

員，一九四七年被推任為二二八事件處理委員會臺南市分會治安組長，同年三月十三日，坂井德章被軍方槍決。❸

警察出身的他，深知此時的軍方為了弭平動亂，什麼事都做得出來，無論在獄中遭受多痛苦的對待，仍不願交出參與事件的學生、人員的名單。

有人說，因為湯德章律師的挺身而出，挽救了許多臺南人，有人讚揚他的風骨、有人悼念一位菁英的消逝。在那場偶遇的悲傷前，我不曾好奇過民生綠園為何改名為湯德章紀念公園，也從未停下腳步，走入圓環內駐足，只是跟著川流不息的車潮轉著。

「新居、坂井」，湯德章先生的姓氏如同「西來庵、玉井、噍吧哖」事件有著不同的稱呼般，在追尋與認同中切換著。他的生命旅途，就像是淺山人最深刻的縮影，在島嶼西南方，連上自海而來卻落地生根的堅定。

我也似乎在這趟走入淺山的旅途中，晃著晃著，又走回了住家旁起點。只是當月色再次讓惡地泛起波光粼粼時，不再是抬頭遙望，而是讓引力牽動著潮汐，隨著每次的不期而遇，細細品嚐土地滋養人們的風土淚滴。

畢竟，我們所吃的一切都是從「土」而來。

❸ 湯德章紀念公園塑像碑文與黃建龍，《看見湯德章》（臺南市：社團法人臺南市湯德章紀念協會，2023）。

淺山土

# 帶你去月球

## 專訪蘇淑娟

文字整理——李怡欣

身在臺南淺山中，時常一抬眼就看見千溝萬壑、寸草不生的裸露稜脊。這月球表面般的地景，以「月世界」為人所知，地理學家則稱「惡地」（badland），彷彿從名字就定調此地的荒蕪險惡。此般地形如何形成？在此生活的人與動植物又如何生存適應？《臺灣惡地誌》共同作者、國立臺灣師範大學地理系教授蘇淑娟，帶領我們一同認識臺南淺山的惡地風土。

惡地，指的是因強烈侵蝕而產生大面積溝谷深淺不一的地形，特徵是在密密麻麻的侵蝕溝之間坡地陡峭、植被稀疏。臺南淺山正是屬於臺灣面積最大的泥岩「古亭坑層」，這片泥岩惡地北起臺南玉井、南化、左鎮與龍崎，南至高雄內門、田寮、旗山與燕巢，占地約一千平方公里，等於近二分之一個臺南。而惡地又可再細分，「依岩性細分成礫岩或泥岩惡地，臺南、高雄一帶的月世界便屬於泥岩惡地。」

表土鬆軟、底下為堅硬岩層，這裡的泥土摸起來不像一般沙土顆粒感明顯，更接近粉土的觸感。蘇淑娟說明，泥岩最細是以零點零零四毫米的泥或黏土組成，極小的顆粒間缺乏孔隙，導致透水性差，日曬時乾硬龜裂，一下雨卻又變成濕滑的爛泥。同樣關注惡地人文生態的高雄市援剿人文協會常以地方諺語傳達在地人對泥岩的有趣觀察，例如「出日砧，落雨黏，焦砧跤，澹黏跤，黏黏滿跤，跋落崁跤，轉去揣阿爸，乎阿爸巴，說你歸日走趴趴，黏甲歸雙腳，鞋ㄚ戈落一跤」。蘇淑娟解釋：「因

表土容易流失，泥岩不利植物生長，你會發現沒有開墾成農地或聚落的地方，植物相不是耐旱的刺竹，就是生命力旺盛的外來種銀合歡。」

世居惡地的生活者對泥岩土有許多想像，從其在月光下的顏色、味道，甚至是表土層薄的

泥岩區域充滿特殊紋理和侵蝕溝，其下植生為竹林。（圖片提供／蘇淑娟）

特質，這些均反映於泥岩土五花八門的別稱與想像中：「海銀土」（或海仁土）、「海鹽土」、「白崩坪」或「淺土殼」。之所以得名海銀或海鹽，是因其含有鹽分與礦物質，在月光照耀下閃閃發光。而在左鎮化石園區可看到從菜寮溪出土的鯨魚肋骨和鯊魚牙齒化石，種種線索皆透露在遠古時代，泥岩曾是滄海，科學上稱為海相沉積。

## 曾經滄海的泥岩風景

究竟惡地是如何出現的？

約莫六百萬年前，菲律賓海板塊擠壓歐亞板塊，引發臺灣地質史上最大規模的「蓬萊造山運動」，原本在海床下數千公尺的岩層以每年八公分的速度抬升至海面，逐漸隆起為中央山脈，山脈的重量讓歐亞板塊向下凹陷，形成山脈與臺灣海峽間的前陸盆地。

由於蓬萊造山運動是從北往南發展，北臺灣先隆起成山脈時，西南還是半深海環境。山上的土石被風或水一路搬運到海裡沉積，土石的旅途越遠，顆粒就變得越小，到西南海域多已化為泥岩細粒。隨著島嶼持續抬升，西南海域在大約四十萬年前成為陸相環境之前，沉積了數百萬年的泥岩露出地表，被水流侵蝕出崎嶇的V型溝壑，遂形成惡地景觀。

「正因變動的海相沉積環境，古亭坑層並不是完全均質的泥岩，數百萬年前的海域有的地方有珊瑚礁，也有顆粒比較大的砂岩沉積，故多有砂岩或珊瑚礁岩夾雜其中。」不同岩層在差異侵蝕下，造就多樣的惡地景觀，包括地表逕流沖刷不同岩層形成的隧道、潛水洞、天然拱橋，以及像一根根手指指向天空的「土指」。泥火山則是泥岩與地下水混合成泥漿，受到地底天然氣的高壓往上噴發出地表，雖然稱火山，但其實泥漿的溫度與氣溫相近，不如岩漿炙熱。

## 後天彌補先天之「惡」

地形崎嶇、土壤貧瘠等先天不足，讓臺南淺山自古以來便是交通不便、不利發展農業的「惡」地。最惡劣的環境，竟成為流離或叛亂者躲避恩怨情仇、甚至堅守忠孝節義之地。他們如何在窮山惡水中存活下來？先民從土壤改良與闢農塘開始，靠著後天努力落地生根。

蘇淑娟指出，鹽鹼性高的泥岩土壤不利多數作物生長，沒有土壤改良實難以發展農業。「從聚落生長、廚餘肥水不落外人田，到購買使用肥料，甚至近年發展出對土地更友善的綠肥，遂使惡地能成為良田，背後是世代居民長期的改良與累積。」農人各有因地制宜的改良方式，包括翻土、蓄水洗去土壤鹽分、使用稻殼或蔗渣作為有機肥等，讓土壤酸鹼中和、提升地力。二〇一七年中研院生物多樣性研究中心邱志郁研究員研究泥岩惡地土壤時發現，刺竹的根系可增添土壤孔隙，讓雨水洗去土中的鹽鹼物質；枯葉的有機物也能提升保水性，有效改善土壤品質。

南部乾濕季分明，泥岩區域降水有限，讓水源成為第二個挑戰。惡地居民因地制宜利用泥岩不透水的特性，在靠近山溝或低窪處開闢水塘儲存降雨，作為生活及灌溉水源。仔細觀察會發現這裡的埤塘土堤較高，甚至有內外兩層，避免含有大量泥沙的逕流直接進入水塘淤積，降低儲水空間，也避免泥水直接進入農地，成為致命的土壤劣化問題。

臺南淺山早期多為小規模的看天田，種植番薯、甘蔗及短期蔬菜，無法作為農地的零碎土地則用來飼養豬、羊、雞、鴨等禽畜，聚落也多為散村。直到戰後一九五〇年代人口增加，稻米生產過剩產值暴跌，才逐漸轉型成果園、畜牧及養殖業。蘇淑娟觀察：「惡地的土地利用、聚落與產業，不只有天然環境的基礎，更重要的是居民為了生存需要所發展出來的技術與生活型態。雖然這些在地體系的規模及影響力相對有限，侷

限於泥岩區，卻因在地環境與社會對其高度依賴，形成難以複製的地方特色。」

她以惡地常見的刺竹為例，老一輩居民都有放流竹排跟竹編的記憶，有「采竹之鄉」美名的臺南龍崎，更進一步發展竹炭產業，生產竹醋液、竹炭纖

惡地居民開闢的農塘，前景為銀合歡、後景為刺竹。（圖片提供／劉閎逸）

維衣物等產品，二〇二四年則運用刺竹製作的生物炭，在更新老化刺竹林的同時增加土壤炭匯，於全球淨零排放的政策下極富潛力。「到處都有竹林，為什麼其他地方沒有跟龍崎一樣發展竹炭產業？可見地方產業其實有非常多人的在地智慧跟專業技術的鑿痕在裡頭。」

## 夾在平地與高山間的諾亞方舟

二〇一〇年日本於聯合國生物多樣性大會（COP10）提出「里山倡議」，以人與自然和諧共存為願景。「里山」指的正是介於平原聚落（里地）與高山（奧山，亦即日文的深山，發音為okuyama）之間、海拔一千公尺以下的淺山地帶，淺山的社會、生產與生態地景開始受到關注。臺灣農業部林業及自然保育署也在二〇一八年跨部門推動「國土生態保育綠色網絡建置計畫」，以生態綠網的概念，將森、川、里、海不同環境的生物多樣性串聯起來。如今我們談論淺山，已超越地形本身，而著眼於廣義的生態系（ecosystem），落實探究生態系服務（ecosystem service）的意涵。

如果從生態系的角度看待，惡地還是一片荒蕪嗎？生態學者陳玉峯專文寫道：「泥岩地理區是全國保育系統最大的死角，也是臺灣生態研究史、臺灣自然史失落的環節。」❶看似單調的刺竹林下，其實孕育著豐富生機，包括俗稱「虎耳草」的脈葉蘭、葉片被撥弄會合起來的羞禮花、稀有的大葉捕魚木等等。淺山作為接合山地、平原或破碎棲地的生態廊道綠網（green corridor），穿山甲、梅花鹿、白鼻心與東方草鴞也都在此活動，生物多樣性超乎預期。

然而，隨著交通及工業化發展，淺山生態系受到的干擾越來越嚴重。蘇淑娟說穿山甲即為棲地與人類活動範圍高度重疊的淺山動物，近年在臺南龍崎與高雄內門、田寮等都有發現牠們出沒的蹤跡。但道路破壞

❶ 陳玉峯（2018），〈無與倫比的泥岩地景〉，山林書院部落格。

近年來許多團隊致力於守護穿山甲，維護淺山生態。（圖片提供／高雄市馬頭山自然人文協會，劉人豪攝）

棲地、路殺、盜獵、廢棄物掩埋場等鄰避設施的開發，都對牠們造成威脅。

二〇二三年臺南市龍崎牛埔地質公園與高雄市馬頭山自然人文協會便共同舉辦「鯪鯉肖娶某、甲你攬牢牢」活動，鯪鯉（lâ-lí）

為穿山甲的臺語，透過地方社會的力量結盟守護淺山生態。

環境意識的提升，讓長年被視為邊陲的淺山惡地，翻轉成適合慢食、慢活、漫遊的世外桃源。廣袤的土地加上地方特色產業，為臺南淺山發展低碳旅遊提供完善條件。蘇淑娟更認為這裡是極端氣候下的諾亞方舟，「若能在還沒過度開發之前，善待且善用泥岩環境，淺山惡地就能成為復育生態的基地。在守護生態的過程中，也讓更多人學習到跟環境共好的方式。大家共同走向具有環境、社會和經濟韌性的泥岩惡地區域的發展。」

**蘇淑娟**

美國路易斯安那大學地理與人類學系博士，目前任教於國立臺灣師範大學，以地理學的空間概念作為觀看世界的方法論，研究大千世界人與環境關係所體現的議題。

淺山史

# 不曾遠去的硝煙

## 專訪邱正略

文字整理—陳韋聿

說起臺南淺山最廣為人知的歷史大事，當屬一九一五年的「噍吧哖事件」。在民變頻仍的日治前期，這起事件以其牽涉地域範圍最廣、參加舉事與遭遇死難的人數最多而聞名。歷史學者邱正略早在二〇〇一年便曾參與其師康豹（Paul R. Katz）主持的調查研究計劃，深入訪談淺山地區曾親歷事件的在地耆老與遺族。究竟噍吧哖事件的烽火為何引燃、又該如何從淺山觀點理解此事件？就讓我們跟著他的腳步一同探詢。

噍吧哖事件的種種別稱「余清芳事件」、「西來庵事件」與「玉井事件」，各自代表故事的一個節點。事件始作俑者名叫余清芳，一九一四年，他在臺南市一座名為西來庵的王爺廟裡祕密籌劃反日行動，並宣傳「日本人即將敗亡」的宗教預言。行動過程中，他陸續結識幾位同樣有抗日企圖的同志，這些人各自糾集群眾，被招募的成員又再找人入夥。余清芳的預言在這個越來越複雜的關係網絡裡持續向下傳佈，層層吸納的結果，最終竟有上千人參加起事。

然而，這個反日計畫在正式行動前其實已被統治者及時掌握，一九一五年五、六月間，日本軍警展開搜索，很快逮捕許多參與計畫的核心人物。與此同時，余清芳逃往臺南東部的淺山地區，隨後動員追隨群眾向多個官舍、派出所發動襲擊。短短一個月內，這群人的攻勢遍及臺南、高雄間的沿山聚落，如同野火般在山林裡急遽延燒。

八月五日，大批反抗軍挾破竹之勢衝向噍吧哖支廳，也就是當時臺南廳轄下的一個地方行政中心。不過，比起先前攻擊目標，「支廳」的警備力量強上許多，且殖民政府從平地調動的部隊也在翌日下午帶著火炮抵達戰場。面對現代化武器的壓制，只仰賴神符護體的反抗軍立時崩潰，上百人當場陣亡。其餘成員則在淺山四處逃散，並在之後的數月內陸續降伏。

總的來看，發生在噍吧哖支廳的戰役是局勢丕變的轉捩點。一九二〇年，在日本殖民政府行政制度變革當中，「噍吧哖」（Ta-pa-nî）被改名為日語發音近似的「玉井」（Tamai）。新的地名被套用於舊的歷史，事件似乎就此翻過一頁。

## 連結於淺山的人際網絡

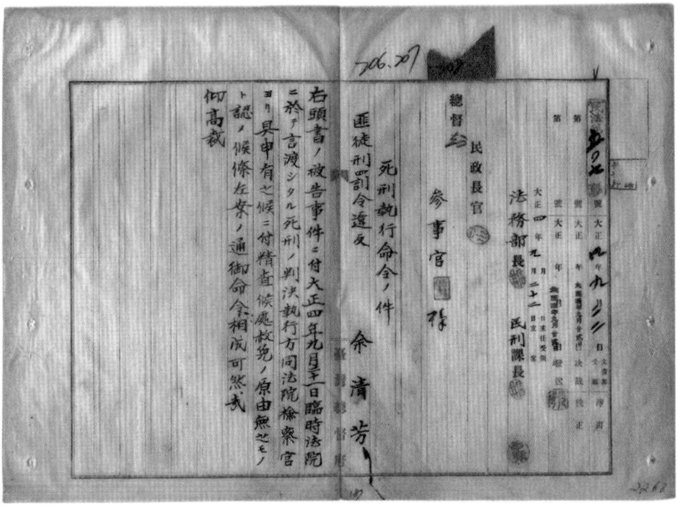

總督 民政長官 參事官

法務部長 民刑課長

死刑執行命令ノ件

匪徒刑罰令違反 余清芳

右頭書ノ被告事件ニ付大正四年九月[illegible]日臨時法院ニ於テ言渡シタル死刑ノ判決執行方同法院檢察官ヨリ具申有之候ニ付精查候處赦免ノ原由無之モノト認メ候條左案ノ通御命令相成可然哉

仰高裁

值得注意的是：事件開頭位於臺南市區的西來庵，距離噍吧哖一帶其實有數十公里之遙。

那麼武裝衝突為何發生在淺山地區，而不是府城周遭的平原地帶？最直觀的解答，是響應余清芳號召的抗日同志當中，正好有一股活躍勢力來自淺山。

余清芳的死刑執行命令。（圖片提供／國史館臺灣文獻館）

這股勢力的領袖名叫江定。早在一九〇〇年前後，江定便曾帶著數十名手下與日本軍警展開游擊作戰，之後又在地勢險要的「後堀仔山」（今南化水庫上游一帶）建立據點。一九一五年六月，當日本警方開始偵知醞釀於民間的反抗計劃、並展開搜捕時，余清芳立即逃往淺山，也是為了與江定的勢力會合。

牽繫起反抗軍人際網絡的關鍵是所謂的「地方頭人」，余清芳也是靠他們的牽線才得以結識江定。舊時基層社會有許多公共事務需推戴具公信力的「頭人」來主持裁斷，而在日治初期，這類人物的身份通常是「保正」與「甲長」。保正、甲長是官方指派的地方頭人，角色近似今日的里長或鄰長，但所背負的任務卻繁重許多。在統治者的理想藍圖中，深入民間的保甲體系應是統治體系的末梢神經，一有風吹草動理當立即上報，讓警政系統能夠即時反應。

只不過理想與現實往往存在巨大落差，邱正略指出：「在噍吧哖事件中，保正與甲長不僅並未發揮前述作用，反而在地方上糾集百姓參與起事。」檔案資料顯示，為反抗軍招募最多群眾入夥的人，大多都是保正——而且，他們多半來自淺山。

## 醞釀於淺山環境的一場反抗

淺山地區為什麼會有大量人民願意響應號召？

康豹所撰《染血的山谷：日治時期的噍吧哖事件》一書有整理噍吧哖事件在淺山爆發的一些背景原因，諸如日本企業對製糖利益的獨佔、連年釀災的颱風造成作物歉收等。總體來看，舊時的淺山居民已是在相對不利的環境中勉力求存，脆弱的經濟條件若再遭受政府或企業侵害，人民除了造反恐怕別無他途。

其中，統治者對於山林的奪佔影響特別深遠。一九一〇年後，殖民政府進行大規模的「林野調查」，藉此劃分私有林地與無主林地，並將後者收歸國有。一九一三年，整個臺南廳有約百分之九十九點六的林地遭到收編，百姓無法像往常一樣進入山林進行開墾，原本孱弱的經濟狀況極有可能因此更加惡化，如一九一二年爆發於南投地區的「林圮埔事件」便也同樣因林地遭國家收奪、百姓無法入山採伐竹木，只能群起反抗。

與此同時，邱正略仍提醒我們留意「保甲」在淺山環境裡扮演的角色。「由於聚落在山區難以發展，人群容易散居各處，資訊流通也相對閉塞。這樣的社會狀態底下，人們可能更容易聽從保正、甲長發號施令，繼而被吸收為反抗軍成員。」

同時，淺山環境也是適合發動反抗的地域——整片山林幅員廣大，政府的控制力量必定薄弱，且越偏遠的地方越趨鬆散。也因此，余清芳等人在起事之初才會選擇襲擊較靠近內山地區的幾個派出所，這些警備據點相對孤立，只要剪斷電話線便等同與外界失聯。

此處推測是江定躲藏的岩窟。
（圖片提供／邱正略）

再者，淺山的地形起伏也有利於反抗軍的游擊作戰，江定與其人馬便是一例。在反抗軍分崩離析後，江定也帶著數百人躲回山中，約莫八個月才接受招降。反觀日本軍警，他們對惡地環境全然陌生，行動也顯得左支右絀。可以說噍吧哖事件之所以迅速延燒、且難以在短時間內被鎮壓，也須歸因於淺山的地形地勢。

## 代代相傳的歷史記憶

不過，淺山範圍如此遼闊，區域之間必然存在諸多差異，難以一概而論。邱正略特別提到：捲入噍吧哖事件的許多聚落，與殖民政府的關係其實相對親近，也缺乏反日動機。因此，在接收到反抗軍的宣傳招募時，生活在不同地區的淺山居民可能有截然不同的反應。

除了區域因素外，不同族群對參與造反的態度也可能大相逕庭。例如居住在阿里關地區（今臺南南化、高雄甲仙一帶）的客家人，本是為伐樟製腦而來的外地移民，事件爆發後多數人的選擇並非附和起義，而是立即逃走。另外，左鎮崗仔林一帶的平埔族人，參與抗日的人數也相當稀少，邱正略推測這或許是因為他們本來就有教會信仰，對於余清芳等人的宗教宣傳也就相對無感。

衝突過後，噍吧哖事件為淺山帶來什麼衝擊？站在殖民政府的立場而言，除了樟腦業的停頓之外，其武裝衝突似乎並未帶來重大的利益損害，因此政府也沒有採取更嚴厲的統治措施。不過，淺山的社會結構卻在事件過後產生重大改變，上千名男性在事件中死亡或入獄、許多家庭破碎，區域內的生育率也隨之遽降。邱正略更發現，淺山地區的公學校在一九二一年的新生人數明顯減少許多——如果不是因為一九一五年的變亂，當年應會有更多出生於淺山的孩子，在六年後背著書包上學去。更深層的衝擊，則可能體現於淺山人民的歷史記憶。噍吧哖事件造成大量死難，活著的人們必然也承受某種歷史創傷。直到今天，淺山地區仍流傳各種日軍的「屠庄」故事，每個版本說法不一，但卻共同傳達著某種恐怖情緒。

以歷史研究者的角度看來，這些故事的內容值得仔細推敲，例如從檔案資料來看，日軍的報復性屠殺很

臺南玉井的忠義祠內至今仍供奉噍吧哖事件的參與者。（圖片提供／邱正略）

可能只是零星案例而非普遍現象。不過，庄民們反覆傳述這些故事，正反映在地人透過一代又一代的敍述將憤懣與仇恨化為語言、應對創傷——而潛藏於故事背後的集體哀痛，或許就是噍吧哖事件在淺山地區，所留下最深刻的一種印記。

**邱正略**

任教於國立暨南國際大學，專長為族群關係、地方史研究、平埔族研究、臺灣民間信仰與民俗和古文書研究等。二〇一五年著有《百年回首噍吧哖事件》，為該研究領域內的重要著作之一。

# 章之三・淺山之味

這就是風土吧——
地方一直都在，而我們要記得從哪裡來。

# 豐盛酪梨

全國最大的酪梨產地就在臺南大內，
彷彿連土地都滿溢出脂香。

據腦中不精確的回憶，小時候外婆似乎很常打各式果汁給我，其中，最常喝到的應該是酪梨牛奶加布丁吧！不過，當時的我不知道那個黑黑皺皺的東西是什麼，「酪梨」這個名字在小學生的理解下其實滿怪的：「酪」等於乳酪、「梨」等於梨子，整個莫名其妙啊，奶奶軟軟的水梨？字面上聽起來有夠恐怖，而且在小孩眼中，酪梨本人還長得有些其貌不揚……？

那杯粉綠色的飲品，還是外婆以「布丁奶昔」之名哄騙，才讓我有了初體驗。

要等到長大之後，才終於懂得欣賞酪梨的美好。我很想跟大家分享在最後的臺南淺山餐會上，由祺豐師掌勺的這道《鹽分墘淺》前菜作品有多風雅，但為了不讓人徒增看得到吃不到的傷感，請容我以文字娓娓道來：

將酪梨對剖、去核取肉，細心地留下一層均勻分佈在外皮內壁的果肉。裡頭填入用果肉混合大蒜製成的醬料，包裹著白蝦、煎至金酥後拆塊的北門虱目魚肚、季節蔬菜，再配上柴焙的愛文芒果乾，上頭綴朵玉米鬚絲花，以上這些食材通通納於有如小船的果殼中。

只見這艘酪梨舟輕擺於乾香的龍眼木屑上，以夏日冰果室的清涼玻璃雕花盤盛裝。配上一杯用掏出的果肉與臺南山上區的手工黑糖混打而成的酪梨牛奶，沒有惱人的碎冰塊，只有醒口的清涼與包裹口腔的絲絨感，玻璃杯緣沾上一隅花粉，使唇齒間多股芬芳的嚼感。

「鹽分」，有來自臺南鹽分地帶的海鮮、也有淺山的果實。「崁淺」，則框出一方田、海、碗的邊沿，第一道便淺嚐一皿自海入淺山的垂涎期待。

△△△

這艘載滿土地豐盛的寶船，究竟從何而來？

有著「臺菜詩人」美名的林祺豐主廚，自高雄餐旅大學畢業後，在國內外知名的餐廳、飯店執業，為了追尋「土地的味道」，他走遍全國三百多個鄉鎮，拜訪各地的物產與生產者。二〇二二年底，自美國舊金山回到高雄成立「三禾清豐」，餐廳的標誌有如家徽，以代表他出生地高雄橋頭、彌陀的甘蔗和檳榔圍著店名與「心臺菜」字樣。

師傅的工作室在高雄市文化中心附近，江都街上聯排老公寓的一樓。與對面新建社區的整齊亮麗相比，這側街屋還留有各種生活的痕跡，外推陽台鐵窗覆片透綠的雨棚、蓋著遮陽布不知時間停了多久，已成倉儲的客車、門前各家的植栽長成小樹。有別於初次見面的忐忑，門面櫥窗內陳列著熟悉的擺飾：斗櫃、竹簍、篩子、花磚、蒸籠、粗陶碗甕，幾枝時節支花、幾張紅聯，泛黃的燈光透在門前空地上，一旁大盆的小樹曬著薑，灰藍色木門上頭也開扇印著蔗、檳榔紋樣的窗，幾張大圓桌和靠背藤椅，空間以像是榕樹氣根垂下的好幾盞吊燈點亮。甫進門右側有座放滿各式瓶罐的木架，來自各地的岡山辣豆瓣、永興醬油……，還有幾缸自家醃物，精挑細選的書與收藏圍繞整著空間，最後頭則由能一窺內場的透明玻璃分隔。

「吃了嗎？老師們先坐，我們還要準備一下。」祺豐師與佳蓉師母熱情的迎接，讓為了準備淺山餐會文宣而前往拍攝、在難得休店日還來打擾的我感到十分羞赧。可能是看出我的難為情，師傅領著我走向廚房外頭，牆上掛著當初我替「倒風內海」食物餐會計畫所設計的主視覺掛畫。

「蕭老師能不能幫我簽名？」師傅開心地問，同時示意我們要合照紀念。「師傅你們簽啦，我簽很奇怪呀！」設計師不會在自己做的專輯封面上簽名，那是作者的位置，第一次被邀請留名的我合影時笑得有些彆扭，但心卻暖呼呼的。本想向師傅反應：被稱呼為老師，有些過份隆重。但一年過去了，我與主廚聊起天來，還是以「師傅與老師」彼此相稱。

「你們可以進來看，不過在忙有點亂喔！」師傅掃視一圈有條不紊的廚房、拿著一盤盤擺得整齊的備料，有點不好意思地說道。額頭上的汗珠提醒著爐火旁的辛苦，每個步驟、每道工序都不脫食材的特性，不同熟度的酪梨影響著醬料比例、加熱時間則會視海鮮的個頭調整，主廚細心說明這些前因後果，也一再提及因產地特性造成的各種風味。除了生產者，在料理台前的主廚比任何人都要熟悉食材的出生地，不只是探究烹飪和滋味調和，說著各地探訪回憶的他，似乎隨時都能信手捻來一幕幕曾看過的風景。

拍攝順利結束了，也如願嚐到這品「酪梨舟」，直至餐會後的寫稿當下，依然念念不忘。

△△△

話又說回來，臺南淺山地區為什麼會種酪梨呢？

自一九八九年起，經濟部中小企業處（今經濟部中小及新創企業署）以「一鄉鎮一特色」（OTOP，One Town One Product）為目標，輔助各鄉鎮建立屬於在地的產業經濟，各式各樣以地方為名的品牌、商品、節慶如雨後春筍般逐漸發展，芒果節、蓮花季、小麥節、大溪豆乾、甲仙芋頭、玉井芒果、古坑咖啡……，各區物產成為節慶甚至是地標與冠名。

而起源於中南美洲的酪梨，原來早在日治時期就從夏威夷引進臺灣。二戰後，原本培育於嘉義農業試驗分所的種苗與母樹幾乎全數損毀，直至一九五四年，有鑒於酪梨富含營養與經濟價值，才重新從美國引進在臺灣中南部培育。現今產地分佈於嘉義竹崎與臺南麻豆、佳里、大內及屏東和臺東等地，隨著越來越多人重視健康飲食、體態控制，酪梨日漸提高的需求讓生產者也越來越多。❶

而酪梨能適應的土壤範圍很廣，於黏土、砂土和石礫等土質都能生長，在農會的推廣、農友的努力及「一鄉鎮一特色」政策推行下，大內如今成為國內酪梨產量最多的地方，酪梨節也變成每年夏季臺南的盛大節慶之一。❷

當我和祺豐師一起回溯去年夏季拜訪酪梨生產者的旅途時，他不禁感嘆不已：「酪梨育種、矮化得花上好幾年時間，要達到符合經濟效益的足夠產量，那是數不盡的歲月啊！」師傅憶起當時向大內的酪梨農友楊朝欽、楊子賢大哥請教，他們淺淺道出的辛勤片語。

「淺山區的土質很適合酪梨，所以酪梨牛奶也漸漸變成淺山人的常民果汁，跟高屏地區的木瓜牛奶類似。」但以酪梨入菜的料理似乎很少，雖說從推廣角度發想的酪梨菜色越來越多，但像同為淺山區盛產的芒果，就有醬芒果、蓬萊醬等各式當地傳統的烹調方式。主廚發散思考：

「酪梨的植物性油脂很豐富，之前在國外服務時，來自墨西哥的同事就用酪

❶ 農業部農業試驗所（2009），〈酪梨台灣發展史〉，農業知識入口網。

❷ 鍾志明（2009），〈酪梨生長適合之土宜〉，農業知識入口網。

45元

梨、芒果、鳳梨燒烤後，加入辣椒等各種香料製成沾醬，搭配玉米餅、馬鈴薯等主食，跟我們在玉井會看到有些長輩以醬芒果搭配白飯類似。」

「如果說臺菜的其中一種靈魂是凸顯食材風味的『沾醬』，那富含順口油脂與香氣的酪梨，是不是也能作為一種新的醬料食材呢？」祺豐師接連丟出好幾個他心中已有答案的提問。這顆從砂礫與黏土之地結出的「脂香果」，在遠赴異鄉後再度與故土相遇的此刻，或許顯得格外「在地」吧！後來，我倆順著酷暑夏午閒聊到冬瓜蜜與剉冰，不過那又是另一段故事了。

△△△

結束淺山餐會後，我持續思考酪梨與土地的關係。回顧跟不上師傅語速、寫得胡亂的筆記，「食材」這個詞，被圈框了好幾遍。如果不考慮其經濟效益、營養價值等諸多誘因，而是僅把酪梨當作我們早已習慣、源自淺山的食材，那祺豐師的《鹽分墘淺》似乎更能呼應生產者們於山中下錨的辛勤耕耘。這顆渡海而來異鄉之果某種程度上彷如臺灣史的縮影，最終在淺山下錨，有了「幸福果」的別名；藉由廚師的巧手，在餐桌上化做一艘滿載甘鹹的食之汗詩，也將山和海的「鹽分地帶」聯繫起來。

看著當時主廚開出的淺山菜單，帶著後知後覺的懊惱撥通電話。閒話家常前陣子的白沙屯媽祖進香，祺豐師說著曾參與香燈腳的往事，九天八夜的行腳，從苗栗到北港；說著過去在苑里華陶窯服務的經歷；聊著走進臺南的這些年；分享他家族與親人的往事。

在我想向師傅說說為遙想味道而端詳菜單的這幾個月以來，那說不上新的發現時，我們談起了料理與故事。祺豐師說：

「傳承故事很重要，但不用去想如何說清楚，我能做到的是藉由這些從各地尋來的味道，讓人感到美味……，好吃就會感動啊！有感覺了，就會願意主動去了解這片土地。」

「這就是風土吧，地方一直都在，而我們要記得從哪裡來。」

我自顧自地說出有些害羞的心裡話。

# 蒜香酪梨醬

酪梨入醬該怎麼做？我想試試加入同樣完熟的芒果和鳳梨，遂完成這道蒜香醬。試做時搭配綠蘆筍、松阪豬和吐司，滑順酪梨嚐起來有點像蛋黃起司醬，拌盤義大利麵一定也不錯。

**食材**（三至四人人份）

○酪梨：一顆，放至熟軟皮黑有香味。
○蒜頭：二大顆蒜球，剝皮去蒂頭。
○洋蔥：國產小個頭切丁。
○青椒：拳頭大小，上爐臺直火烤製，外皮焦黑後剝去，切丁。
○鳳梨：四分之一顆金鑽鳳梨，切丁。
○芒果：半顆愛文，切丁。
○有鹽奶油五十克，乾燥羅勒葉、初榨橄欖油、鹽、黑胡椒、檸檬汁適量。

---

**料理步驟**

①冷鍋下奶油、洋蔥丁，中小火炒至透明後加蒜頭煸至金黃，再下其餘切丁食材與乾燥羅勒葉，翻炒至奶油皆被吸收。
②轉至文火後以炒鏟將軟透的食材切細，關火放涼後，以湯匙挖取酪梨加入。
③用手持電動攪拌棒將料打至泥狀，若打不動可酌量加橄欖油。
④以鹽、黑胡椒調味並攪拌，若芒果跟鳳梨太甜，也可於食用時加檸檬汁提味。

# 光陰的麻竹筍

移動與保存、發酵和醃漬，
皆是時間的滋味。

「現撈、現流、現殺、現摘、現煮」，走一趟超市或市場，標榜著新鮮和產地直送的廣告字樣多不勝數。歸功於便利的交通與冷鏈的建立，在都市叢林中也能取得甫出土水的農漁產，對於現代人來說是再稀鬆平常不過的事情。然而，有另一類產品反其道而行，以「保存」為主打賣點，比如來自本地或大洋彼方的各式罐頭、窖藏數年的美酒、風乾或煙燻的肉品……，甚至會透過時間使原料產生前所未有的風味。不過，既然我們在食物保存與運送技術上已如此純熟，那為何至今依舊念念不忘這些源於舊時代的結晶呢？

來自漁獲豐碩的屏東東港，怡慈就像選了料理與藝術創作兩個主修的資優生學姐，在難以割捨的選題中自在且來去自如。當我詢問為什麼要花這麼多時間研究各式食材的保存方法時，她總以「你不覺得這樣的味道特別有情感嗎！」的笑容與擺滿整桌的料理來回應——先細心包好家人的便當，再以各種滋味添滿桌邊人的飯碗。

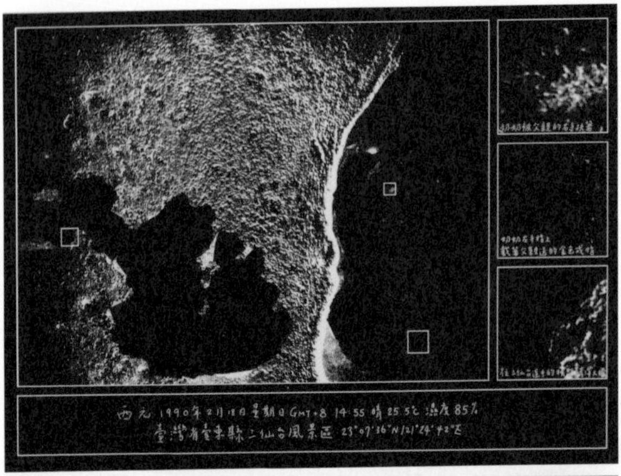

上｜怡慈的〈家庭記憶系列〉作品，使用福馬林浸泡保存各種時光記憶的底片，呈現裝罐後的斑剝感，再以掃描器掃描編排，轉化出如星空圖的影像，二〇一二年臺北美術獎入選。（圖片提供／許怡慈）

下｜怡慈的〈油漬記憶〉作品，是父親從事黑鮪魚採購所製作的油漬黑鮪魚罐頭，以此紀念家族曾經的漁業繁盛。

還記得怡慈在研究所時有件入選二〇一二年臺北美術獎的作品，她將一張張記錄著家族事件的底片冰凍後再封入標本瓶裡，低溫讓已經定影的膠片起反應，再次沖印後，形成如拍攝星空般的斑剝點點，像是要將腦海中存放許久的記憶重新顯影般，將底片分類並裝成一罐罐。直到這次因餐會再次相聚時，她依然裝著罐，只是材料變成走訪各地所收集而來的食材，而影像則變成家中餐桌上一道道暖心的菜。

△△△

餐會結束後，應藝術家朋友阮璽和隱身於臺南大林國宅社區中的不務正業書店老闆小龍的邀約，再次回到左鎮，這回的目的地是當地農友的筍園。我們拜託對淺山熟門熟路的怡慈擔任此次出遊的一日嚮導，在左鎮化石園區對面那間三角型 7-11 前，一行人等著今日的主角賴政達。

「你們等等跟著我們的車，不會太遠，前面轉彎上去就到筍園了。」

本以為會跟登山問路一樣，「不久就到」只是句貼心的鼓勵，想不到在幾段急促的上坡與彎路、經過了路旁指引往「澄山教會」那片有些染上青苔的指標後，真的抵達了筍園。相較周圍比肩接踵的林子，這片竹園開闊得有些令人擔心竹筍產量，不久，前導車上的政達指引我們停下。

「這是我爸，等等就由他來跟大家介紹吧。」賴爸爸熱情的打著招呼，卻彷彿擔心客廳是否雜亂的主人那樣，有些不好意思。

「好開闊喔，跟以前去過像是《臥虎藏龍》場景的竹林都不一樣耶！」回憶起小時候在竹林裡假裝習得輕功、幼稚打鬧的我，則不敢置信地回應。

「這樣竹子養分才夠啊，這邊產季時可是出了好幾斤呢～」賴爸爸指著小坡上的竹叢，驕傲地說。「再過去還有一片，走吧！」

水泥路右手邊的鐵皮寮亭旁，有片不久前才翻過土的空地，在野林與小山環繞下，顯得特別醒目。

賴爸爸發現駐足停下的我們，回過頭，打開架在桿上的白鐵箱，解釋道：「看到那些竹頭了嗎？前幾天我們才請怪手把這區的都拉出來，這邊是用山泉水灌溉的，順便開一下給你們看。」冬季的泉水遇到鬆軟的土，在有些陰雲的上午，陣陣清新竄進鼻腔。

「那些竹頭就這樣放在原地嗎，會不會很可惜呀？」這些碩大又硬邦邦的竹頭，似芋頭又似蓮藕的結構、鬍鬚狀的短殘根像極了達摩，曾在廟裡用過竹頭筊求籤的我好奇地問。

「哪兒來就哪兒去，老竹頭會變成新竹子的養分！但不能直接埋進土裡喔，要在土面自然風乾後才能用，不然爛掉就不好了。現在不是產季，但等等過去那區或許有竹筍可以看看。」父子倆領著我們走進另一處臨山壁的竹林，竹腳下覆著軟土堆成的小隆起，腳步踏平的低矮植被，錯落著淺土色的竹葉，吹過山的微風響起二、三層樓高的竹節，窸窸窣窣、嘎嘎囈語。

「這枝是老的，老的會帶新的！這裡應該有竹筍，我去拿工具撥開給你們拍照。」

賴爸爸一溜煙轉身離開，內向的我，這才找到機會向政達搭話：「餐會上那道淺山炊飯裡用的麻竹筍跟發酵酸筍尾超好吃的啦！當時沒機會在產季時來真是太可惜，今天終於能來看看它們是誕生在什麼樣的地方。」

聞言，跟餐會上有些拘謹的反應不同，政達開始分享他們在筍園中工作的經歷：天氣熱時會有青竹絲、竹節裡存的水和節氣的關聯……。而賴爸爸帶著

竹頭鏟歸來，撥開土後果然有顆剛冒頭不久的竹筍，便示意有如觀光客的我們按下快門。

「看吧，真的有筍子。」

△△△

心滿意足逛完筍園後已接近中午，因小朋友身體不適而晚到的怡慈也捎來電話：「等等市場那邊見！」

跟著父子倆的車離開筍園，到左鎮市街上同樣由賴家經營的「鄉土味小吃」跟怡慈會合。一到店裡，帶著我們參觀完已有五十年歷史的左鎮區公有零售市場與內場備料區後，兩位馬上各司其職地加入午間忙碌的站位。賴爸爸挽起袖子開始洗碗、政達拿著菜單招呼我們於擺在廊道前的圓桌坐下；到櫃檯點完餐，還來不及掏出錢包，一句不容置喙的「這餐我們請客！」再次堵上飢腸轆轆眾人的動作。

怡慈帶著因微恙而換來一天假日休息的孩子，和招待的炒酸筍絲一同出現，也加入午餐行列。飯湯、爌肉飯、切仔麵、綜合滷味，滿桌飯菜在市場裡，是再適合不過的產地現煮啊！等待小朋友細嚼慢嚥的時間，我繞了這座窗明几淨的市場，唯一一攤小販檯面上擺著幾堆蔬菜和瓶瓶罐罐，與這座規模算不上小的集市相比顯得有些冷清。吃人嘴軟而感到些許羞赧的我向賴爸爸自告奮勇表明可以幫忙洗碗，卻理所當然地被拒絕了。只好繼續四處繞繞，走在菜市場口的街道上，有間傳統麵包店「慶珍軒」吸引了我的注意。

總覺得臺灣很多賣糕餅小點的店都叫「○○軒」，不知道是不是因為「軒」在以前指的是有遮棚的車，這樣取名似乎能見證從跑攤到設立店面的品質保證。慶珍軒說是麵包店，倒也有賣糖果、餅乾等小零嘴，只不過錯過了出爐時間，玻璃櫃裡麵包早已寥寥無幾，三塊充滿童年回憶的大餅，孤零零地獨佔最惹眼的位置。可惜我的胃已被鄉土味填滿，只能留下影像以茲紀念。

可能是我在麵包舖前晃來晃去，忙完的賴爸爸有些擔心地問我有沒有吃飽。藉著小朋友玩貓發出驚呼的好時機，我問道：「以前大家都在用南橫公路的時候，左鎮有多熱鬧啊？」

「那時候市場人潮很多啊，路上都是載著貨和遊客的大小客車，市場也滿滿的，後來就只剩我們和麵包店，那家是左鎮唯一的麵包店喔。再後來，跟政達一樣，開始有些年輕人回來，像前面有間理髮廳改成的咖啡廳，在老街那邊……。」一台在雙線道上迴轉半天的車子打斷回憶，賴爸爸謹慎地看著那輛車是否會造成交通堵塞，一臉認出熟人的模樣。

「都說他年紀大了，開車要小心，哎呀，這樣危險啦！等等請政達帶你們去老街走走，那邊現在很漂亮喔。」賴爸爸看著孩子鍥而不捨地拉著怡慈想過馬路跟狗狗玩，微笑著說。

一九七〇年代通車的南橫公路，銜接起臺灣西南部與東南部。過去蜿蜒山中，於日治時期為了「理蕃政策」而開闢的「關山越嶺道」，如今擔任開採山林資源、運輸農林產品與聯繫因中央山脈隔開的島嶼兩岸的重任，西起臺南市中西區的湯德章紀念公園，東抵臺東縣海端鄉、關山鎮交界。然而，自二〇〇九年莫拉克風災以來，這條海拔從零攀升至近三千米的高山公路，不斷處於通車與柔腸寸斷的循環；臺 84 線東西向快速公路開闢之後，人們更多了一種選擇。無法抵達目的地的公路，就漸漸被淡忘。

左鎮位於公路入山的起始處，過去作為踏上兩百多公里旅途的起點驛站，曾繁華一時。但當時的風華，如今也只能從這座規模不小的市場與街上店鋪們精心打造的櫥窗和立面裝飾來一窺痕跡了，而被尊稱為「左鎮大飯店」的鄉土味小吃，也只有像我們這樣，為了追尋產地直送的挑嘴客和生活於此的左鎮人，有幸能嚐上。

離開市場前，我買了一瓶鹽漬酸筍，希望能延續在不合時節時，走進筍園認識這對父子的今日。回程駛在公路上，心裡也暗自遙想若能坐車到訪海之彼端，從位於圓環的居所出發，經過淺山後再由高山相伴，那陣鹹鹹的風又會是什麼樣的味道呢？想到這裡，這瓶被我抱得緊緊的保存食，蓋口似乎也飄出一絲鹽香，那是與筍相伴的光陰汗珠、是對那段繁華過往的追憶。

「替自己炒盤筍絲蛋好了！」再度懷念的時候。

走過半世紀的鄉土味已成「左鎮飯店」、因公路入山檢查哨而曾風華的市街、車行郊遊的麵包與便當，這一切就跟澄山老竹帶著新竹結筍一樣，在時光的發酵下保存著，這應該就是怡慈口中「情感的味道」吧。

左鎮市場入口旁的「鄉土味小吃」攤位上，老紳士正在享用他的午餐。

# 酸筍炒蛋

酸筍絲下酒應該不錯，於是以過去在居酒屋工作時學到偏日式的作法試試。粗簽筍絲和手切蘿蔔絲的脆口、蛋碎外酥內軟的口感，配上沁涼啤酒，可謂便利快速的清冰箱小享受。

## 食材（一至二人份）

○鹽漬酸筍：約一百克，天然發酵的乳酸毫不刺鼻，酸度恰好。從罐中取筍時需確保餐具洗淨並確實擦乾，方可延長漬物保存期限。

○蛋：三顆，紅殼洗選蛋，加一小匙鹽後以筷子打散。

○紅蘿蔔：三分之一條切絲，胡蘿蔔素對身體好處多多。

○紅蔥頭：二至三顆切片，爆香用，亦可以蒜片、薑片取代。

○白胡椒粉、七味粉、鹽適量。

## 料理步驟

①筍絲過沸水燙約五到十秒，或熱水浸泡三到五分鐘，降低醃汁鹹度。

②冷鍋下油、開大火爆香紅蔥頭，傳出辛香後放入紅蘿蔔絲，快炒至油脂泛紅。

③筍絲擠乾後加入拌炒，收乾後灑白胡椒粉、鹽，拌勻鋪平。轉中火加入蛋液，待稍微凝固後從鍋子中心慢慢繞圈撥散炒料。

④蛋香傳出後轉回大火快速翻炒或翻鍋，蛋碎到喜歡的熟度就可起鍋，盛盤後散點七味粉裝飾。

# 柴燒龍眼乾

樹梢桂珠串，窯池裡漫煙。

還有時間可以隨意揮霍的求學時期，我會與對咖啡同樣講究的問人好友們，沿著福爾摩沙高速公路下的小道，騎車前往東山服務區，點上一大份東山鴨頭配咖啡，再集資外帶一大罐龍眼蜜，替早餐無味的白土司抹上金黃香甜的奢侈。

大學生也熱愛向月色借貸時間，明明沒什麼要緊事，卻總盯著螢幕，熬出一對比一對深的熊貓眼；家人看到脱下眼鏡看書的我，就是一頓關心的叨念：「要早點睡啦！你看你的視力越來越不好了，像個老頭子似的，這包龍眼乾跟紅棗拿去，龍眼茶明目安神，你喔！身體要顧……。」不過年輕人哪看得上黑黑皺皺的漢方龍眼乾，直接吞幾顆B群、葉黃素還比較快。

誰想到我現在正努力一邊剝著帶殼龍眼乾，一邊囑咐自己省著點吃。

△△△

幾年前土星工作室還在林百貨設櫃的時候，身為土壤推廣講師的杏珍姐，就曾引薦來自東山的伍展志大哥，將農地土壤檢測挖出的土，寄給陶瓷工作室測試。

直到淺山餐會前，跟杏珍姐討論要找土星工作室協助餐會器皿開發的當下，她才想起這段往事；而本以為石沉大海的東山土，也早已加入工作室的「地方土」陣容，蛻變成一件件精巧的器皿。緣分早已悄悄埋下種籽，等待破土冒芽的時機。

當時我因返鄉奔喪，未能在龍眼乾焙製期間拜訪伍展志大哥，後因餐會的器皿製作需要採集新一批東山土，在杏珍姐的幫忙引路下，和伍大哥再次聯繫上。

「你們要到的時候，不要照著導航走喔，上次有人開進沒有鋪面的石子路上哇哇叫。有沒有紙跟筆，我跟你說要怎麼走！國道 3 號下來後接 165……，走南99，再轉南104順著走。」電話那端伍大哥細心交代著，連串的道路編號猶如解謎遊戲。平平的柏油路不負期待，在叉路口插著指向四方的咖啡農場導引牌處轉彎後，路上隨處可見的紅色農地搬運車與無數集裝箱旁堆著木塊，半掩鐵捲門傳出最後的陣陣燻香，幾座寫著斗大「古法柴燒」的窯聳立著，接下來就要看伍大哥傳授的藏寶圖了。

隨著緩緩爬升，兩旁開始看得見龍眼樹，染成焦糖色的挑高廠房，臨路的空地上擺著一盤盤龍眼乾，陰雨隨著抵達轉緩，懶得撐傘的我抖了抖帽簷上的水珠踏入工坊。

「很遠吼，先喝杯茶休息一下，我們手上的工作要收一下尾。」伍大哥指著桌上的玻璃茶壺，請我們先乾為敬。「好甜好好喝喔！」突如其來的順口清甜讓我不禁發出驚呼，定睛一看，才發現玻璃壺裡裝滿比水還多的龍眼乾，「名副其實的桂圓富翁。」我心想。

## 「沒有加糖，只有龍眼乾。」

一旁照料篩子裡果肉的太太潘慧觀説得稀鬆平常。還沒反應過來，大哥示意我將手張開，又是一小把龍眼乾，後來這些龍眼乾便塞滿了全身上下的口袋……，變成《冰原歷險記》(*Ice Age*)裡，那隻藏橡實的松鼠鼠奎特(Scrat)。

兩邊臉頰還存著果乾，我跟著伍大哥的腳步走進窯廠。

「前幾天剛出完最後一批，現在沒什麼好看的啦！」空氣中依然留著煙燻的香味，發現我看著架上幾顆孤苦無依的落單，「盡量吃，我們什麼沒有，龍眼乾最多了。」伍大哥笑著説。可能是柴燒的風味讓不是特別喜歡桂圓的我肆無忌憚，嚥下口中嚐不盡的香甜後，我問起了製程。

「產季兩個月，每次六天五夜不停，很辛苦的！來，我們去看進柴口。」

「這些是歉收或生病的龍眼木，用荔枝、相思木也可以，火源穩定外，燒出來的味道也特別好。火不能太大，要低溫慢慢烘烤，池裡的龍眼也要翻動，均勻受熱最重要。」大哥一邊介紹用來翻動龍眼的大黑網、一邊打開大桶子的上蓋。

「這裡面都是燒出的灰燼，之前有人要了一批去染布。」看著滿滿一桶銀白色的細灰，我們推敲著究竟跟藍染有什麼關係。走回棚內，大哥演示頭頂的天車如何用黑網將數百斤重的龍眼翻面，「很吃重的勞力活，有錢也請不到人做啦。」從爬上幾層樓高的龍眼樹採收，初步烘乾準備入焙、用手戳揉直到枝條脫去、控制火候維持溫度的翻焙，到最後出焙後，還要分出顆粒大小。為了消費者食用方便，有的甚至需要人工剝殼去籽，過程中只要任何一個環節稍有疏漏，整池龍眼可能就不能用了，更別提夏季倚著火堆的炙熱與煙幕燻眼的難耐，「六天五夜不停」，怎麼說都顯得過分清淡。

上｜經年累月燻成焦糖色的窯房，沒開窯的這天，依然有著龍眼香。

下｜揀選帶殼龍眼乾的木盤，以及用來在窯池中替龍眼們翻身的大黑網。

「顧柴火那幾日，我們站都站不穩，走起路來搖搖擺擺的。」

正當我要提起應該是每個採訪都會問到的話題時，伍展志大哥接著說道：「我以前做了十年的水電師傅、太太是驗光師，後來媽媽膝蓋不好，長輩留下來的，在我這裡停了很可惜呀，有能力就接著做下去⋯⋯。」一做就二十餘年的夫婦兩人提起過往，手依然不停地處理著一盤盤龍眼乾。

雲未散雨漸歇，伍大哥全副武裝騎擋車帶我們前往不遠處的愛玉田採土，「你們只有兩個人，要去上面那片田採土挖不動啦！之前杏珍老師調查時挖出來的土還在，用那邊的可以嗎？」大哥果然如出一轍地未卜先知。

裝了一小袋土後返回工坊，雨又開始下大，打在廠房鐵皮上咚咚作響。身上只被汗滴浸溼的我感嘆「真是剛剛好」，任務完成後從口袋掏出珍藏的帶殼龍眼乾，回升的血糖使身體湧出睡意，便拔下眼鏡擦擦汗兼揉揉眼睛，伍大哥發現我那因慣性失眠養出常駐疲態的雙眼，關心地說我要多吃龍眼。

「龍眼叫做龍眼是因為像龍的眼睛，焙製後比較不會上火，可以顧胃益智。」

「那我應該需要吃很多。」

「吃太多不好啦～你等我一下……，這幾包是我們自己在喝的龍眼花茶，喝了很好睡，試試看！還有這幾串香蕉也拿回去吃。」

加上自購的龍眼與玉荷包乾，車子後座也塞得滿滿的。

△△△

想著要跟大家好好分享今天的滿載而歸，這包難得的玉荷包乾拿回老家孝敬、這包龍眼乾給做磅蛋糕的甜點師、這串香蕉給常忙到沒時間吃飯只能以珍珠綠茶果腹的朋友、這幾包助眠的茶包分給跟我一樣淺眠的肝苦藝術家。

回程時，憶起之前寫的描述做陶的過程：

「……土經過不斷地揉捏與捶打調整至剛好的質地、在轆轤上用細微的力道與手感拉製成形、於濕度軟硬恰好的時刻修整、放置等乾、進窯燒製、再度修飾與上釉、再次進窯燒製、冷卻後進行最後的打磨，這連串繁複的工序寫到這裡我都累了，更別提過程中任何一個環節出了差錯，幾乎都是不可逆的，只能整個重新來過，抑或是收拾好情緒接受結果，繼續往下一步邁進……。」

怎麼也沒想到，柴燒桂圓乾跟做陶，皆是從土而生，經由光陰與火候相伴的「一期一会」！❶這晚，聽著雨聲，我好像發現了什麼神奇的連結，睡得跟成功出窯的作品一樣安穩。

❶ 追尋茶道者將每場茶會都視為獨一無二的時刻，每一剎那都以有如面對人生般的誠意和專注來對待。「一期一會」（いちごいちえ），這句出自茶道千利休弟子宗二《山上宗二記》（やまのうえそうじき）的短語，意思是「一生僅有一次的機會」或「僅發生一次的事情」，而「一期」則是佛教用語，指從出生到死亡之間的時間。

# 龍眼乾茶

龍眼乾茶總給人有如漢方藥材的苦甘感，但只消嚐過伍大哥的清甜龍眼乾茶便能推翻此印象。若手邊沒有柴焙龍眼乾，推薦加入香甜的紅棗、枸杞增添層次感，煮上一壺，夜遂好眠。

## 食材

燒壺果甜的茶，二至三人共同分享，或獨飲一整個下午也不錯。

- ○龍眼乾：一把約五十克，去殼去籽，是甜份及香味的來源。既然都叫「龍眼乾茶」，千萬別吝嗇，多放些吧！
- ○紅棗：七至八顆，可補血補氣。
- ○枸杞：適量，滋補肝腎，益精明目，增添清香。

---

## 料理步驟

① 煮鍋水，龍眼乾冷水下鍋，讓果肉隨著水滾沸而緩緩舒張。

② 聞到甜味，表示果乾們都醒過來了，於果肉邊緣色澤轉淡時加入紅棗。

③ 待紅棗皺皺的外皮吸飽水分、變圓潤些後關火，趁熱加入枸杞，蓋上鍋蓋放涼，再倒進泡茶壺中。

④ 喝完歡迎回沖，天熱可加一小撮鹽巴補充電解質，天冷想多些幸福甜滋滋的話，可在放進紅棗前再加點黑糖。

# 菁青草

低頭不期而遇，鍋中熬煮停留，終將沸出回甘。

老家廚房每時每刻都有食物可供青春期的少年吃喝，電鍋常駐白米飯、灶台爐上兩口蓋起的鍋子裡則是滷肉與燉湯，冰箱不分凍藏擺滿各式涼水和甜品。如果連現剖椰子水或津津蘆筍汁都無法解暑的話，裝在黑松汽水瓶裡的青草茶就是唯一的解方——時而清涼、時而苦甘，有時又澀辣到要加大把糖，入口前的氣味僅供參考，尾韻的清甜卻常使人喝過量到畏寒。

老家市場裡有間「草攤」，幾簍翠綠和鋪地帆布上的乾貨，還兼賣老嫩薑塊和各式蒜椒，端午包粽的葉子也理所當然地存在，甚至還有綑成一束束的艾草與菖蒲掛串。「牛筋、狗尾、咸豐、龍葵、雞屎藤、雷公根、倒地蜈蚣……。」在心裡念出寫在瓦楞紙板上的名字，是現實中最接近魔女藥鋪的時刻了。

△△△

「下週我們要去看『青草』喔！」通訊軟體群組裡捎來啟人疑竇的訊息，看來淺山田調小組又要出動了。

草有什麼好看，我活像個早晨被硬生生從暖和被窩中挖起、正在放暑假的國小生，內心邊嘀咕邊敲出想要弄清楚的回覆。

「要去後壁菁寮拜訪植物辨識課程的王家曼老師，重新認識青草茶。」沒等我發問，杏珍姐便立刻釋疑了。

「穿長袖、戴帽子、帶袋子。」到了出發當天，我在車上再次叮嚀加入此行的新成員們，一位是磅蛋糕研究家、一位是肩負餐會器皿製作重任的陶瓷創作者，還有一位是前幾天才被拐來的木作藝術家。鍾愛白米飯的我，因為二〇〇四年的紀錄片《無米樂》才認識後壁菁寮，為了彌補此行的目的不是米，一大早便起床捏了小飯糰當早餐，喔！當然要配上一瓶無糖綠茶才能增添郊遊感。

抵達與家曼老師約好的集合地點，祺豐師、杏珍姐和怡慈早已全副武裝在屋簷下等候。「等等要繞村子慢慢走喔～注意防曬！」老師囑咐著。看著曝光過度，青如藍染的晴朗艷陽，我已開始後悔脖子上帶著沉甸甸的單眼相機。

出發不久，家曼老師隨即蹲在巷子旁，捧著從柏油與水泥鋪面交界縫隙中長出來的「雜草」，招呼大家蹲下。「這是牛筋草，顧名思義要有跟牛有一樣的力氣才拔得起來。藥性清熱解毒、祛風利濕、散瘀止血，有沒有人要拔拔看！」

一夥人圍著這條不起眼的小小綠帶研究了起來，「這不就是操場上每次朝會後除草的討伐對象嗎！」我像是認出許久不見的宿敵，憤慨地說。而祺豐師跟怡慈則熟練地在拍照、筆記後摘了幾株。就這樣，採草小隊維持每五公尺貼地三次的頻率前進，短短一條小徑，就讓茄芷袋半滿。

上｜出發沒多久，老師便指引大家蹲下圍著一小撮草們端詳。

下｜一行人在路旁花圃中尋找還沒開花、一點都不顯目的白茅根。

「老師，妳是怎麼認識這些草的，又怎麼知道它們的用途跟療效？」大家不約而同提出相同的疑問。

「邊採邊問啊！遇到人家門前有熟面孔就摘，長輩看到也會順便介紹其他我不認識的植物，像是什麼配什麼可以解熱，有需求就會去了解，這是老一輩的智慧。加上查閱相關資料後，慢慢累積，就認識得多。」老師說得輕鬆，這無止盡的田野調查，不禁讓人想起日治初期走入山林做資源盤點的那些植物學家。

抱著沒有什麼不能吃的心情，大夥走到了一處栽著景觀樹的綠地，「想不想吃點甜的？我來找找白茅⋯⋯，長得像這樣，拔起來看看，注意葉片會割手喔。」顧著拍下這有趣瞬間的我，被請吃了新鮮現拔的白茅根，從陶藝家手中接過甜點。老師接著說：「有花比較好認，這個整株都很有用，嫩芽、嫩莖、嫩花都可以吃，葉子可以做蓑衣、蓋屋頂跟造紙，也可以餵牛羊！」此時我跟牛一樣嚼著細細白白的茅根，嗯，一口小甘蔗。

磚紅轉角爬滿桃艷的九重葛，週一的北勢街與南82線上只有到處吃草的我們，老街區民居的庭前空地曬著菜脯與青草，騎樓籠裡的鳥不甘寂寞地吱喳叫。家曼老師略過長得茂盛的發財樹，從盆栽底下摘了一束紫色小花苞介紹著人蔘菜，做起了馬齒莧科家族（巴參菜、白花馬齒莧、假人參等）的辨別，料理人們則討論著清燙或熱炒的可能。在割稻飯招牌前討論野草入菜，倒也給了這些在現在的田中，被分類為「雜草」的眾生，一次重振名聲的好時機。

接下來借道三合院間的小徑，到了一小片種著佛手瓜和絲瓜的棚區，一位奶奶好奇地前來關心：「太陽這麼大，你們這群年輕人在幹嘛啊？」祺豐師用塾在鴨舌帽下的毛巾擦擦汗後說：「來了解青草茶啊，阿姨妳們有沒有什麼獨家的配方？」

「看是要吃什麼功用，也要看節氣跟體質啦。現在很少有人會自己煮了，都喝現成的，不然就是手搖啊。以前我們會把田裡不要的草割一割，那個不用特別種就會自己長出來，吃不完啦！」奶奶蹲下來，接力說著魚腥草的功效。

甜點師與陶藝家拍著門口的小花、怡慈和杏珍姐打量佛手瓜，老師的小黑狗不知道從哪兒跑出來，大口大口地哈著氣。回過神來，師傅的帆布袋裡已經塞滿戰利品。

「走吧！我們跟著狗狗去看花。」

△△△

穿出聚落走在大路上，狗狗在前方引路，燈籠仔花（裂瓣朱槿）開成火焰，接下來的發展不用多說，大夥兒分工合作摘下幾朵，還沒等老師開口，有人便自動自發地吃起花蜜，「花瓣也可以吃喔！」眾人就這樣在路邊品嚐屬於盛夏的沙拉。這讓我想起有陣子國小生很流行「吸花蜜」，校園裡的矮仙丹甫到花季，同學間便會開始收集紅色小花來進行交易，幾朵換枝筆芯、一把換枝造型鉛筆，串成花冠就是下課時的加冕典禮。

朱槿對面的黃槿們也沒得倖免，低處巴掌大的亮黃成為下一口，老師還仔細分出花中暗紫紅色的雌蕊，塗在指甲上。「這是小朋友很愛的天然指甲油，除了花炸起來很好吃以外，葉子也可以拿來蒸粿。」

「對對，粿葉仔！」料理人們補充。後來在查資料時，發現黃槿大如羽扇的葉片也在沒有衛生紙的年代，擔任如廁的好夥伴，連枝幹都能拿來雕刻、蓋房、成舟，韌性強的樹皮甚至能編繩、織網……，自家有棵黃槿，看來是農業時代的必備。

與黃槿同樣多用途的，還有一旁的月桃。月桃葉同樣能炊粿，長葉也能包粽，

用清透的月桃花瓣當甲片，留影後，這些花兒們都下肚了。

地下莖早期是薑的替代品，塊根拿來燉排骨就是最好的補品，莖和葉鞘曬乾後同樣能編織，花苞汁能解渴，種籽則是日本成藥「仁丹」的一味原料。端午前後正是月桃花串盛開時，花瓣內側黃、紅色相錯似虎毛斑紋，因此月桃花又被稱為「虎子花」。清領時期的教諭朱仕玠，從福建德化縣調到臺灣鳳山後，在《小琉球漫誌》的〈瀛涯漁唱〉中也描述了當時臺灣東部及南部地區於端午取月桃的情景：

角黍懸蒲俗共誇，漫驚蹤跡滯天涯。
海東五日標新樣，兒髻環簪虎子花。❶

吃完野生沙拉的小姐們，已經開始用月桃和黃槿妝點身上行頭，我剝了幾顆倒地鈴的蒴果，用紋有白色愛心的小黑籽加入她們的行列。家曼老師將目光投往一旁路樹，撿起熟透落地的果實分送，吃著有如從《水滸傳》魯智深脖子上佛珠串剝出的羅望子果──「好酸喔！」

好個開胃！

開闊藍天飄來幾朵雲，在長滿草的路旁，在淺山的交界。

△△△

逛到一個段落，一行人在菁寮國小稍作停歇，桃花心木的落葉堆舒緩了慢繞整圈村庄的雙腿，朝天空丟上幾瓣紅褐色的翅果，再轉往為此行收尾的梅鳳飲食店。門口新鮮的破布子正緊鑼密鼓準備下鍋裝罐，怡慈的筆記本也夾到闔不回去，圓形紅桌上擺滿菜餚，在祺豐師回憶與《無米樂》主角崑濱伯的往事裡，我終於如願吃到飽粒的熱白米飯。

「菁寮」，與綠草如茵相伴的小寮，簡單兩個字就把景色描述地精確，但這個「菁」不只是今日所遇的風光，而是過去先民所著藍布衫的小菁。早期藍染

❶「角黍」是粽子、取月桃葉包粽，門前懸掛菖蒲、艾草 、榕樹枝、月桃葉花，也有在兒童髮髻上插虎子花避邪的習俗。「海東五日標新樣」指臺灣南部及東部地區，端午(農曆五月五日）用月桃葉包粽，其特殊的香氣與一般竹葉截然不同。

的染料「藍靛」，其原料是「山藍」（大菁）、「木藍」（小菁），清領時期，後壁菁寮地區有著整片菁樹，收成後製成的染料品質好得不得了。但就在合成染料發明、化學製程引進臺灣後，這維持一百多餘年的聚落命脈，只剩下名字和老街，供人遙想過去的藍有多藍了。

藍染的青仔、隨處可見的小植株，其貌不揚的背後，皆可能藏著時代與人們的需求，清領時期扮演通往諸羅縣城重要驛站的菁寮老街亦是。回到集合地點，才想起居然沒喝到家曼老師擅長的青草茶，趕忙增加品茶環節。老師早晨剛煮好還來不及冰涼的茶湯，有著白茅根的甜和薄荷的清涼。

「我沒有加糖喔！」

好喝，這是屬於菁寮的配方。

# 青草排骨湯

先到西門路的小西腳青草茶買瓶青草茶，試喝後覺得可多些甘味，便走到保安路的中藥行補些甜。看著櫥窗裡滿滿人蔘，心想「喝湯滋補健體佳」，便買了些財力能負擔的小蔘鬚加菜。

## 食材（四人份）

○湯料：排骨半斤、白蘿蔔半條、紅蘿蔔四分之一條。

○湯底：無糖青草茶五百毫升、乾香菇一朵、紅棗二顆、當歸三片、薑片五片、白茅根十克、人蔘鬚適量。

○蛤蜊：五至六顆吐沙，提鮮用。

○米酒、水、鹽適量。

## 料理步驟

① 燒滾水，放入拍碎薑塊、一點米酒、一小匙鹽，將排骨焯水去腥。大火滾約三分鐘，持續撇除表面浮沫、倒去腥水。

② 鍋中放入湯料、湯底，加入米酒後煮滾，待酒精揮發後補水至淹過食材。

③ 蓋上鍋蓋，小火慢燉約一小時，也可放入電鍋燉煮（外鍋一杯水）。

④ 放入蛤蜊，殼開後試一下鹹度，以鹽調味。

# 琥珀醬油

關於永興醬油，她們自己是這麼形容的：

「繪事後素，只要本質夠好，不需多做修飾。」

每個臺灣人的廚房裡一定都有瓶醬油，淋上米飯、白麵，點上幾滴豬油或芝麻油，奢侈點再配顆荷包蛋，也算得上簡單又不失講究的一餐。

從學生時期的套房搬到臺南舊市區後，新居終於有套功能齊全的廚房，當然要滷鍋彰化炕肉來緩解不常返家的鄉愁。起初怎麼試都覺得哪裡不對，說不上失敗，但總感覺少了一味，直到有次跟留學歸國的朋友聊起省錢自煮，他侃侃而談請家人跨海寄送大同電鍋與醬油的重要性，才在年節返家時，關心起架上那瓶醬油的來歷。往後當要再度嘗試復刻記憶中的味道時，都從醬油著手，甚至能從選用醬油的品牌，來判斷這間店家是否在地。

祺豐師店裡三禾清豐用餐區展示架上常駐的「永興白曝蔭油」，也曾跟著祺豐師與佳蓉師母，和其他「臺灣味」的食材與調味料們，一齊出國去。拍攝淺山餐會要用的宣傳照時，師傅特地叮嚀要讓餐點背後的大功臣「永興蕙質」蔭油露露臉，他掛保證地說：「這是我心目中的天下第一醬！」

△△△

那天與家曼老師一同採集完野草後，淺山踏查小隊繼續前進，離開菁寮聚落，經過橫貫公路兩旁一大片綠油油的稻田，穿進橫越鐵軌的小路，繞了幾個彎後，搖下車窗，依循越來越清晰的醬香，「好香喔！」正當我還在回味中午在梅鳳飲食店吃的古早味滷豬肉時，瞧見覆蓋的醬缸，這才發現已抵達位於後壁上茄苳里的永興白曝蔭油廠。剛打開車門，就遇見鄰居阿姨按下電鈴上門拜訪，「我要一瓶油膏，女兒回家吃飯想吃蒜泥白肉。」信仰「媽媽或阿姨認定的商家鐵定厲害」定律的我隨即燃起了興趣。

「最近都平安嗎？」師傅跟前來接待的兩位年輕人打聲招呼後，就熟門熟路走進廠區，看著出貨處一箱箱的成品，計算這次要順道外帶的量。年輕人示意：「稍待一下，媽媽等等過來。」我們這群有些飽睏的奥少年(ào shǎo nián)便跟在師傅後頭逛逛。跟過去參觀那種窗明几淨的觀光工廠不同，這裡更接近於一絲不苟作業下自然形成的樸素乾淨，午後烈日下，看得見香蕉樹的庭院中擺著排列整齊的大缸。

稍作休息不久，女主人林雪姣請小老闆們再替大家續壺熱茶，長輩們敘舊得熱絡，我們則兵分兩路，跟著雪姣姐的子女，聽起關於「蔭油」的介紹。

「我們都是用黑豆，『蕙質』、『蘭心』兩款選用臺灣原生種的屏東滿州種，循著古法，洗淨、蒸煮、拌入種麴、製麴後洗麴、保溫，加入鹽水或拌鹽下缸發酵，缸會在室外發酵四到六個月，因為做日光浴，才會取名為『白曝蔭油』。」邊聽，我們邊摸著被太陽烘得溫溫的蓋子。

「加鹽水是濕式發酵、拌鹽是乾式發酵，前者顏色會比較紅，味道溫溫的，後者顏色深，香氣很足喔！我們家醬油用的材料很少啦，就你們看到的這些。」

小老闆打開蓋子，濃烈的鹹香味頓時灌滿整個鼻、口腔，我不禁吞了口口水。

「沒有香料、色素、防腐、調味劑那些，就真的只是醬油而已。」

看著有如「司馬光破缸」的大陶器們排排站，陶藝家打量著蓋子跟缸體的上釉區別與它們的產地，並問道：「下雨怎麼辦？蓋子不防水耶！」

「別看它這樣，蓋子很厚喔，黑豆跟麴也需要換換氣。」用手指輕敲幾下後，我拒絕了體驗搬蓋的重責大任。「它們的來歷要問問看老闆娘，只知道這個現在很難買到了，每次整理時都要很小心。」幸好我沒有試著挑戰肌力。

「記得以前這些容器是從鶯歌買來的，後來醬油大規模生產，用陶缸釀的大工廠越來越少，產量拉不起來，就沒什麼人在做了。現在要買新的醬油陶缸，可能要從中國或越南進口了。」

聞言，怡慈跟杏珍姐熱切地討論起來：「我們要不要用地方土來做自己的小陶缸！」小老闆隨後不知道從哪裡拎出一只小的陶缸，供我們仔細測量。摸著上頭同心圓交疊的各式花紋，被投以期待目光的陶藝家也加入討論：「這個是用拉胚的，外面的裝飾應該是用木板拍實時留下的裝飾，釉也上得密不透風……。」

大家談論得熱烈，可惜這次淺山餐會因時間關係沒機會試試看，不然從缸到醬若都出自同個產地，也挺淵遠流長的——後來怡慈接著討論起可以直火加熱的自製土鍋，那又是後話了。回過神來，同行的甜點師不見蹤影了許久，出去曬太陽醒醒腦的我，在廠區內發現同樣聊得起勁的一處，推開紗門，裡頭正在試吃蔭油，原來甜點師人在這兒。「這個好好吃喔！我要用來做磅蛋糕。」

只見白色小湯匙上的「蕙質」兩字被襯出琥珀色，來醬油廠沒嚐上幾口醬油，未免太不解風情，我遂也跟著品嚐，總算集齊了「蕙質蘭心」。

後來，甜點師張芸芸的個人品牌「灶室 gur room」也真的推出了「醬油燒番麥」磅蛋糕。無糖醬油加上秋季盛產的玉米，黑豆鹹配上玉米甜、核桃堅果香和乳酪奶滑，倒也是一品適合於午茶時，提前享用夜市烤玉米的臺灣糕。

醬油燒番麥（Sweet Corn & Soy Sauce）磅蛋糕。
（p.227、229 圖片提供／灶室 gur room）

△△△

回家之後，重看李安導演的《飲食男女》(*Eat Drink Man Woman*)，突然心血來潮想滷鍋炕肉吃上幾天。電影前幾分鐘鏡頭帶到老朱家中廚房與庭院的場景裡，擺滿一罐罐大大小小的陶甕與各種調料。

看著廚房架上的兩瓶永興蕙質蔭油，不知道是不是第五代傳人賴振文老闆獻給辛勞母親與老闆娘的祝福，才取了這般文雅的名字，就跟永興官網上堅定寫著的「繪事後素」❶一樣，不需矯飾，只要有張很樸素、很潔淨、很潔白的底紙，那就能在數次練習後，好好畫上一幅最適切的畫。在五花肉都均勻裹上一層晶亮的糖色後，我加入一直捨不得用的珍貴醬油，和一點點從小吃到大的那味熟悉醬香。

如果時間有顏色的話，永興的作品，用「琥珀色」去形容應是恰如其分吧！

琥珀是經過時間與土所沉澱出的樹脂化石，透亮結晶那綿長的歲月，而傳承五代、百年釀造的永興，依然將豆與麴安放在陶缸裡，花上近半年的時間呵護備至，醬油的成色，也像琥珀般，既深沉又金黃清透。

原本就很好，
經過去蕪存菁的等待後，只會更值得。
醬油，是臺灣人，家的味道。

❶ 子夏問曰：「『巧笑倩兮，美目盼兮，素以為絢兮。』何謂也？」子曰：「繪事後素。」曰：「禮後乎？」子曰：「起予者商也！始可與言詩已矣。」出自《論語》八佾第三。

# 炕肉

身為彰化人，如果炕肉飯上不是插著竹籤的腿庫那便說不上道地。而除了肉和醬油很重要外，滷包可去中藥行抓帖下飯且對節氣的方子，完整的桂皮加強五香粉的芬香、山楂則可助消化。

## 食材（三至四人份）

- ○腿庫肉：一斤半切塊，抓鹽放置五到十分鐘後洗淨。
- ○爆香料：蔥一大把（白、綠分開）、紅蔥頭四至五顆去皮切片、薑片五片。
- ○香料：八角二顆、桂皮三片、山楂五片、辣椒一支。
- ○黑糖一大匙、醬油、米酒、鹽、五香粉和白胡椒粉適量。

## 料理步驟

① 乾鍋放入腿庫肉逼油，豬肉兩面煎炸至表面酥脆，加進爆香料。待蔥白微焦、紅蔥頭金黃後加入五香粉、白胡椒粉炒香。

② 轉小火加黑糖炒糖色，直到肉塊裹上焦糖光澤，倒入米酒、水、一大匙醬油，醃過食材煮滾，直到酒精揮發。

③ 投入香料轉小火，蓋子留點縫隙讓水分蒸發。三十分鐘後用筷子戳瘦肉看能否穿透，若可則關火休息，不行則加水繼續燉。

④ 休息約十五分鐘後開大火，開蓋收乾至喜歡的色澤與鹹度，上桌配飯。

淺山食

# 盤中的一畝土

林祺豐
陳柳足對談

文字整理——廖貽柔
攝影——蕭佑任

淺山餐會的掌勺人林祺豐研究風土飲食倏忽三十年，從土地中獲取養分澆灌於菜餚，這兩年更深入臺南，自鹽分地帶往淺山一路踏查，並與土生土長的淺山人陳柳足相遇。陳柳足長期深耕人口結構拉警報的左鎮，試圖復振社區活力，其中一把關鍵鑰匙正是風土料理。齊聚同一張餐桌前，他們娓娓道來：該如何運用在地物產重新詮釋風土，屬於淺山的滋味又是什麼呢？

## Q1

## 兩位從何時開始接觸風土料理與臺南淺山的風土飲食？

**柳足**：我曾祖母是左鎮人，但我本身是鄰鄉玉井人，因緣際會下來到左鎮服務，從此牽起跟此地的緣分，並加入左鎮公館社區發展協會留在當地深耕。會接觸風土飲食，是因為當初社區發展協會想開發體驗遊程、小旅行，但遊程若沒有餐食，吸引力便大減，很難吸引到遊客參與，也就難以創造營收。為了能小有盈利、回饋工作人員和當地人，我們才開始設計風味餐食，一一訪問左鎮長輩的飲食記憶，並將之轉化為現代客人較能接受的樣貌。後來，我們發現飲食是特別能傳達歷史文化的載體，比如早期居民會取用哪些食材、如何料理一日三餐？透過餐食置入在地人的回憶、讓他們來談自己的文化，也藉此將客人引進我們這片土地，這就是做淺山風土飲食的起點。

**祺豐**：我常形容走入風味的旅程就像一條回不了頭的無尾巷，也稱之為

「味道的迂迴」。味道的迂迴指的是每個人記憶中都有某種存在於特定時空中的味覺，比如碗粿；碗粿的氣味很特殊，除了純粹的米香外，它的靈魂是臺灣味型中很重要的紅蔥頭。這種特定的味道、氣味，一聞到便會聯想到生活。以我來說，我的家鄉是高雄橋頭，小時候街坊都是甘蔗田的香味，這便是存在於我記憶中的甜味。還有一種味道與檳榔有關，因為外公在屏東長治種檳榔，每當回外公家時總會在路程中聞到空氣裡飄散的檳榔花清香。這些連結了回憶與時空的味道影響我走上風土料理人之路，希望透過料理讓大家認識臺灣人在島嶼上生存的痕跡。

而後我花了二、三十年跑遍全臺各地做田野調查，記錄臺灣各地的風味、風味背後的民情文化，想像這些作物是在怎樣的環境中茁壯長大。一面學習關於土地的知識，一面點點滴滴累積對食物的尊敬，從當下的料理連結土地的過去跟未來，造就所謂的風土飲食。這幾年則接下臺南市文化局從鹽分地帶、倒風內海到淺山地區的餐會任務，因此有機會更深入

鑽研臺南的風土料理。

**柳足**：祺豐師參與的是臺南各地的餐會，我們則從二〇二〇年起推出「月食祭」。晚宴以左鎮月世界地景為名，由在地青年發想風土餐食，希望能重新呈現如今已吃不到的口味，

左鎮的「月食祭」戶外餐會，邀請大家在月光下品嚐以在地物產和飲食文化轉化而成的法式創意料理。圖為二〇二〇年的月食祭。（圖片提供／陳柳足）

像去年二〇二三的主題是「阿嬤辦桌」，讓長輩施展手藝、再現他們記憶中的傳統飲食。印象很深刻的是曾有位臺北人特別南下參加月食祭，因為她看到宣傳後覺得怎麼都沒聽過這些菜色、想來吃吃看；而吃完之後，她說從來不知道自己和土地的距離如此遙遠，想再帶家裡長輩也一起來吃。收到這樣的回饋讓我們很感動。

## Q2

## 如何看待臺南淺山的環境與物產？

**祺豐**：二〇二一、二〇二二年的南部旱災是個契機，讓我重新關注臺南淺山地區。這裡的惡地地形地質條件匱乏，好似老天爺不疼惜的所在。而我們想知道，在這樣的環境中，當地人如何度過歹年冬（**pháinn-nî-tang**）、引渡一代代人活下去？

**柳足**：我認為這題要看從哪個角度切入，如同祺豐師所言，這兒的泥岩地質確實十分貧脊、取水也挺不容易，土壤遇到水就泥化、但缺水時又硬梆梆，無論怎麼翻土都很難鬆軟，是很特殊的一種地質。那麼為什麼居民還願意留在這塊土地上，他們如何看待土地跟生活、生命間的連結？後來我觀察到，雖然左鎮非常不適合發展農業，即便有也很破碎，不過當地人仍會種芒果、香蕉和竹筍等作物。左鎮產的芒果香甜，因種在山坡地上、不會吸收太多水分，賣相不如平原地區好，但風味卻很豐富；香蕉也很有特色，口感特別Q彈。而竹筍較適合砂質土壤，左鎮有一部分是混合土，就可以種綠竹筍和麻竹筍。作物會因地制宜發展，所以你覺得此地貧脊那就是貧脊、覺得有滋養那就是有滋養，端看我們如何詮釋、和土地交陪（kau-puê），人與自然也在此互動過程中平衡共生。

## Q3

## 如何根據在地飲食與文化脈絡，重新包裝、呈現淺山物產？

**祺豐**：就像柳足提到的，臺南淺山區域水果的糖度將近十三度以上，❶

❶ 糖度是以蔗糖為比較基準，測試在二十度溫度下，每一百克水所能溶解的蔗糖克數，一般甘蔗的糖度約二十度，愛文芒果約為十二度、金鑽鳳梨約為十三度。

若光以科學角度來看，淺山地質還是有其優勢。但我看見的不單單是物種的甜美，而是此地先民如何胼手胝足種植這些作物，他們需要比別人花更多心思、作力才能栽出碩果，這才是我印象深刻之處——淺山人的血液很健康，這種健康指的是他們並不悲觀、不輕易被環境擊倒。所以在最近一次於

左鎮人每逢端午節會使用在地食材月桃葉包粽，柳足帶來一捆月桃葉親自示範。

左鎮舉辦的淺山餐會中，我將第一道引路飲命名為「樂聚蕉」，把淺山的芭樂和山芭蕉打成果汁，藉由這道飲品讓大家聚焦目光在淺山人身上，了解惡地農耕有多得來不易，此地果實更有著無比堅韌的生長力氣。菜單不只是菜單，而是把食客引入土地的媒介，帶領大家重新看待事物、人群與土地間的關係。

**柳足**：左鎮是人口老化極為嚴重的鄉鎮，社區發展協會最初便是以照顧長輩為主，後來才漸漸想發展遊程與在地產業，但這會需要很多行銷、企劃與設計的年輕人才，左鎮缺乏的正是年輕人。於是我轉念一想，覺得應該先畫出自己的藍圖，才能吸引有理想的青壯年加入。就在這時候，我開始注意到左鎮的葛鬱金。

葛鬱金又稱粉薯或太白薯，外觀長得像生薑、有環節，是一種可製成天然澱粉用以勾芡的植物，也是左鎮的傳統物產。做訪調時發現，在地居民人人都會提到葛鬱金的療效，說它能清熱解毒，每年夏天也會泡葛鬱金黑糖茶排解暑熱，這是左鎮老人家的智慧。聽完認為這種作物很有意思、想進一步發展，但剛開始做沒什麼頭緒，只知道它可以取代太白粉，便往這個方向進行。孰知這條路十分難走，製作葛鬱金粉需人工洗乾淨、去膜，榨出澱粉液後再沉澱、曝曬，十斤的葛鬱金最後只能洗出約一斤粉來，實在太耗費人力物力。市面上一斤太白粉賣五、六十塊，我要賣到兩、三百塊，自然沒有競爭力。也才體悟為什麼以前左鎮人不願意賣葛鬱金粉、都是自用，因為製程繁瑣、全仰賴長輩的智慧，開高價根本賣不出去。

正當煩惱產品如何跟市場做出區隔時，二〇一三年毒澱粉事件爆發了。❷因為化學澱粉被驗出添加有毒的工業原料，大家一窩蜂轉而購買天然葛鬱金粉，但風波過後沒多久熱潮便快速消退，我們依舊面臨先前的窘境。那時，我們靈機一動：能不能把葛鬱金粉做成麵條？一試之下意

❷二〇一三年，衛生署食品藥物管理局檢驗出有業者為追求口感，在澱粉製品中加入對人體有害的工業用黏著劑順丁烯二酸酐，稱為毒澱粉事件。

外發現葛鬱金麵好吃又好煮，只要煮五分鐘左右就Q彈有咬勁，推出後市場反應也很好，顧客覺得和一般麵條的口感不同、很特殊，回購率不錯。等葛鬱金粉開始有利潤後，才終於吸引到年輕人願意一起投入產業改造，而這也是我們最期待的願景——讓下一代回到左鎮、在這裡安身立命。

葛鬱金用處多多，做成涼糕也軟糯好食。

葛鬱金粉成功後，陸續開發越來越多有趣的產品，像是有生技公司來找我們合作，萃取葛鬱金做成「輕青霜」，可提神醒腦、止癢消炎，這些效果其實也和田調時長輩和我們提到的療效相似。

**祺豐**：柳足談葛鬱金這個例子，讓我想到最近也在研發「葛鬱金糕」，將葛鬱金混合臺南酪農業的優質牛奶做成涼糕，再添上同為淺山地區的南化黑糖、東山龍眼蜜等，就會成為具有臺南區域識別性的一道特色料理。

## Q4

## 在現在這個時代，推廣風土飲食與產地餐桌的重要性為何？

**祺豐**：為什麼風土飲食重要？因為食物不單只是食物，而是有它成長的環境及條件，有著百工百業、各世代人群努力耕耘的縮影，透過風土飲食重新彙整這些時序，讓人了解萬事萬物的過程、體認我們從哪裡來。

其實料理說穿了有點像因式分解，將食材風乾、糊化、炙烤、水解，再加上火候、刀工，拼湊主材料與副材料，最後成為一道菜餚。而我們這些料理人能做的，就是賦予這既定公式不同的註解，帶大家看見料理生成之前的飲食生命，透過對於食物的認識回溯原鄉的聚落、看見土地上人的印記，對產地投入關注的同時，資源也跟著進來。長遠而言，就是期許料理能回饋產地、回饋在地

方上經營許久的在地人，提升地方在媒體、政府、一般大眾眼中的能見度，振興產地經濟發展，形成一種可實踐的循環途徑。

**柳足**：講得抽象、感性一點，我認為風土飲食就是在傾聽土地的聲音與脈

左鎮栽種的萬壽菊經過日曬、磨製成萬壽菊茶包，會散發有如百香果的香氣。

動；這片土壤有些想和我們訴說的事，該如何透過食物去聆聽？我希望以體驗遊程和風味餐食讓大家感受這點，明白食物得來不易、是大自然賜予我們的恩惠，對土地懷抱感恩的心，在臺南淺山這種環境中特別是如此。

**林祺豐**

臺菜詩人，踏遍全臺三百多個鄉鎮調查各地風土料理。曾擔任美國加州知名中餐廳 Eight Tables by George Chen 執行主廚（Chef de cuisine），返臺後於二〇二二年回到家鄉高雄開設「三禾清豐 心臺菜」私廚，推廣臺菜與土地之美。

**陳柳足**

左鎮區公館社區發展協會理事長，自二〇一〇年起投入左鎮社區營造事務，陪伴社區長者、培力青年回鄉、推動當地產業多元發展，舉辦「月食祭」餐會、「芒果季」農遊與葛鬱金節等，並開發葛鬱金、萬壽菊等農產商品，持續與左鎮共生共榮。

# 章之四・理想的餐桌

再次回到桌邊，感受構成這張餐桌的元素，
對其上發生的一切，重新感到好奇。

# 不只是一頓飯

故事就發生在這裡：
一個地方、整桌子人、
一大鍋、一大碗、一大盤、幾份我們的碗盤。

每到別人家作客，我首先會觀察飯廳。

像是工作遇見新客戶時，會從穿什麼鞋子、有沒有戴錶，由這些外貌與裝束初步判斷對方的行動力或時間觀念，有時甚至能在幾次會面與交談後，大致貼近隱藏在案件委託後的真實需求。飯廳在家中格局的哪裡、桌上是否堆滿東西、用什麼樣的桌椅、和廚房的距離……，在桌邊的人登場前，我總愛在腦中先行勾勒待會餐敘時的畫面，身為客人，這點提前準備，對工作經驗大多是服務性質的我來說，已成理所當然的習慣。

至少在這場以「臺南淺山」為名的餐會前，我是抱著這樣的心態，坐在桌前。

△△△

「空間」是我們「樣子」的呈現，什麼樣的地方有著什麼樣的人、住在哪個城市與鄉鎮，什麼樣的房型裡有什麼樣的家居生活、跟什麼人過著哪種日子，這些「什麼」，如果沒有特別被提起，似乎已成我們再稀鬆不過的日常。然而，就跟人類對於自然現象感到好奇，進而從信仰一路發展出科學相同，人們也擁有從「此刻」去思考過去與想像未來的能力。

我曾以為這個時刻必須是特別的，它得要獨一無二到能在腦海裡留下深刻印象，抑或是有什麼值得一再回味的價值。就拿「家」來說，生活數十年的地方，裡頭的一切都早已熟悉，離家前，我們幾乎不會對「家為何如此」感到好奇，直到與他人聊起相關話題時，才一一回想：「我」究竟是怎麼來的？

而「餐桌」，就像是以桌板為最小單位的「空間」結晶，整桌子的人，在飯桌上來來去去。樂於分享、好於共食的臺灣人，常以請吃飯來聯繫感情，早年互助農忙後的割稻飯、婚喪喜慶的辦桌、酬天謝神的宴席、年節相聚的團圓飯，工作時談生意的酒樓與聚餐，甚至是平時的請客吃飯，跟「人與人」有關的所有事情，幾乎都會在餐桌上發生。

那麼，去認識餐桌是怎麼來的，是不是能稍稍理解「我與我們」到底是怎樣的連結呢？

△△△

談及餐桌這個空間，我腦海中浮現了幾個不連貫的畫面：

戶外搭起棚子，家戶門前席開幾桌的盛宴是輕鬆、熱情的招呼，在還沒有專業外燴的年代，主人會請來總鋪師協助張羅。家中提前養起辦桌所需的豬仔，平時捨不得加菜的雞鴨，田裡的時蔬、庭中的果樹，和街坊鄰居提供的其他食材。搬出家中的傢俱和餐具、抹去那張蒙塵不常展開的大桌，不夠賓客入座的話，請大家自備座席也沒關係。當哪戶人家迎來嫁娶、或遇上慶豐收的時節，一群人為了吃上一頓祝福與慰勞的飯東奔西跑，掌勺人聽取主人轉達與會者的好惡與本次相聚的主題，依著時節與適合場合的口味烹調，替每道菜取個響亮的名字，再獻上一道道飽餐的祝福，也呼應在鍋中交會的眾人同心協力。

神明生日時的廟埕前，連綿長桌排起，菜葉瓜果根莖疊出吉祥、如意與象徵各種福氣的型態，西瓜和冬瓜雕上字、紅白蘿蔔化為鳳、麵點成錢龜、盆花綴紅聯、大字型的牲口咬著橘子，棚架外頭好幾層樓高的竹竿葉沒被褪去，和綁著的旗面一齊宣告——全庄出動，大家一同感恩豐收、照顧土地之神的降臨。

鏡頭轉向室內，家中喜逢在外遊子與親戚難得返鄉團聚，清空平常因人數減少而漸漸堆起東西的桌面，如需再講究些，擦拭乾淨後，鋪上那塊每年定會抖開的桌布，翻開通訊簿，拿出便籤抄下話筒彼端思念之人朝思暮想的家餚，雖說常記於心，但能以聊著「想吃什麼」為開頭，倒也是不需明說的默契，再搭配一串期待的叮嚀：「穿暖些！記得帶傘，最近冷和著雨……。」

數年前的家味依然在灶上燒出撲鼻醬香，當年巡攤挑菜時左右兩隻手都牽著睡眼惺忪的毛頭現已不再，獨自穿梭在市場中熟悉不過的路線，還有那位賣肉販，搶在自己開口前精確無誤地複誦出心中點單：「孩子回家了嗎？一樣一斤排骨剁小燉湯、要不要再來上一串香腸？」繞市場一圈，手拉菜車裡塞滿攤販贈送的大把青蔥，雙手也拎著滿袋，但思索半晌，念及那個風塵僕僕回家的人，「啊，加買點麻油暖暖身子吧！」

於桌邊擺上碗筷，圓桌中心的大鍋，蓋子掩不住熱湯肉香，備料檯剩下等著來人的現炒料，其餘皆已準備周到。守著爐火、點著菜、輕撥米飯，打量是否足夠飽餐，這頓飯有著等待多時的期盼。電鈴響了，門後返家的臉龐有些疲態，他將聽到的是熟悉的招呼：「東西放一放，洗手吃飯！」

甲菓菜行
29

而一頓飯的最後，則是：「有吃飽嗎?要不要再添碗飯。」

△△△

上述這幾段早已分不清由來的情境，可能是親身經歷融合了那些描繪餐桌光景的文學或影視作品，畢竟桌邊發生的事，總猶如電影般魔幻美妙，有好多好多故事藏在裡頭。

在籌備淺山餐會的旅途中，許多潛藏其中的地方過往，因我們實際走訪而被挑起，「從產地到餐桌」，不應只是基於提升物產價值的宣示，而是提醒著：我們所吃的東西皆是眾人的凝聚。耕作、捕撈、養殖的辛勞自然不在話下，而為何持續這麼做，我想除了看得見的資本交易外，還多很多生產者們各自守護的傳承與堅持。看天、巡水、顧土，隨著菜餚，這種種努力接棒到料理人手上，無毒、有機，甚至是「風土」，也不過是延續這段難能可貴的旅途，烹調出的口味雖因人而異，但就在彼此陌生的眾人接力下，一道道美饌才能被熱騰騰端上桌。人與人的關係遂在餐桌上，因眾多選擇而構成緣分，將獨自的「個人」，用火候燒出「共有」，我們共食、分享，包括食物與彼此的故事，就像李安的《飲食男女》(*Eat Drink Man Woman*)裡頭，既為大飯店主廚也是父親的老朱，在電影中說的：

「其實一家人住在一個屋簷下，照樣的可以各過各的日子，可是從心裡產生的那種顧忌，才是一個家之所以為家的意義……。我這一輩子，怎麼做也不能像做菜一樣，把所有的材料集中在一起下了鍋，當然吃到嘴裡，是酸甜苦辣，各嚐各的味。」

跟千滋百味的盤中飧一樣，每個人都有好多不同的關係與情境要去經歷，自己如此，飯桌邊的那個人亦然，在關係裡各有各的細心，如果有機會，試著去聊聊出自貼心的考慮，說不定會少些各自的顧忌也說不定。隨著年紀漸長，家中桌邊那幾張既熟悉又陌生的老面孔與新面孔跟著桌上的菜不知道交互了幾回、約會聚餐的對象就算是同些人們，口味也還是有可能改變吧！有機會的話，試著說說自己最喜歡哪道菜、也去問問桌邊人的喜好，不需特別張燈結綵、也不用新衣妝點，更不必滿桌大菜，分享喜歡的口味，或僅僅是珍惜見面的時刻就好。

所吃的，皆是從土地來，因此我們也是。低頭扒飯、大快朵頤前，先試著討論桌上所發生的事：談料理，說說想吃、愛吃的東西，分享彼此生活的歡快或辛勞，替自己盛上一碗熱湯，將溫暖一飲而盡，自然而然地感謝帶給我們滿桌豐盛的土地，沒有一張「餐桌」是理所當然。

# 器皿和所盛之物

若說料理是緣分的匯集，
那麼器皿可不只是盛裝料理的容器，
更是完整這張餐桌的重要角色。

餐桌上，除了食物之外，還會有些什麼？

日本藝術家、作家北大路魯山人（きたおおじ ろさんじん）的餐桌，不僅止於果腹，更是一場講究萬分的美之對話。他曾說過：「器皿是料理的衣裳。」❶即便一份白豆腐，也要佐以適合的食器，綴些蔥珠、淋圈醬油，成為連料亭老闆都垂涎三尺的美食。

「為了料理挑選適合的器皿」，這句話有許多可能性：

在家中舉辦餐會招待訪客，大肆準備一番，用上珍藏的餐具配上稍微跳脫家常的菜餚，試著模仿外頭餐館那有如演出般的擺盤；想製造拉近距離的話題，甚至拿出客人過去贈送的餐具組，說起來有些為了賓至如歸的矯揉造作，但畢竟是宴客，稍微帶點表演意味，倒也展現出精心款待的企圖心。至於獨食時，想營造沒那麼寂寞的氛圍，便循著經驗，挑選一只接近過去和他人用餐

❶ 北大路魯山人，《料理王国－春夏秋冬》（日本東京：中央公論新社，2010）。

時一起使用過的餐盤，按著回憶中的畫面，再次品嚐當初的深刻難忘。也或許只是為了替一成不變的用餐增添新鮮感，讓吃慣的生活味多些自娛娛人的儀式感。更別提有些菜色的呈現本來就與餐具有深刻連結，比如沒有燒紅鐵板的吱吱作響就不能算是夜市牛排，而同樣的茶湯在不同的杯子裡，嚐起來也是截然不同的。

食材經由烹飪成為料理，但要直到盛盤才稱得上是呈現完整樣貌的一皿。

不是要從北大路魯山人對日本料理鑽研數十年的足跡中，來討論有關「食器／料理」的講究或正確性，而是希望能援引他一再強調的、「廚藝與食器」密不可分的概念，重拾我們在餐桌上，除了用口品嚐食物外，其他感官在享用料理時諸多細微的體驗。

「色香味俱全」應是美味的終極呈現，沒有勾人食慾的外觀，便無法連貫香與味。而一道用好品質食材精心烹調的料理，如果上桌時裝在不合時宜的器皿、甚至是免洗碗盤裡，除了可能減損其價值外，我相信也很難激起動筷的念頭，原有的垂涎鮮香也減去數分，導致很難放心品嚐味道。像是我們選擇今天要穿成什麼樣子示人，會考慮對象與場合，除了禮儀，更有著對自己的了解；那仔細想想「要呈現什麼樣子」這件事，就是「美味」的第一步了。

搭配合適與否，取決於器皿的材質和外觀，溫熱的燉、煮料理和陶器較為相合；陶器導熱慢、較厚實且外觀溫潤，盛裝溫熱料理後拿在手中會感覺溫暖。夏天的冷盤料理與茶湯則適合配上瓷器或玻璃；器皿能在短時間冷卻，給人的清爽感也很消暑。

為何我們對陶器的感受大多是溫潤的、對瓷與玻璃則感到精巧輕盈、對金屬製品感到高冷有距離、對布料感到溫暖舒心？這些感受，除了來自媒材各自的特性與功能性外，也因為在這各式各樣的造型與容量上，蘊含不少透過體驗所累積的功夫。正因有人使用後感到愉快、適合或感動，這些樣式與媒材選項，才能在時間長河裡一路傳承，也才能讓我們從選擇一只「對的」小碗開始，說著有關滋味的事。

△△△

那麼，如果每道料理都已走訪產地，那為了器皿也去拜訪工藝家、藝術家，並不為過吧！

抱著這般略顯囉唆的心意，這次的淺山餐會，我試著從頭開始，不是用選物的態度，而是走入工坊，從材質與器形重新開始學習。曾在大學時期習過做陶的我，幾乎從未在轆轤上成功拉起土胚，就算偶有奇蹟，燒製出來後，也頂多能裝上半杯水罷了，更別提那笨拙難用的手感與外型。幸虧有「土星工作室」那與陶相伴十幾年的熟稔支援，餐桌上的共用餐具，幾乎都出自他們之手，

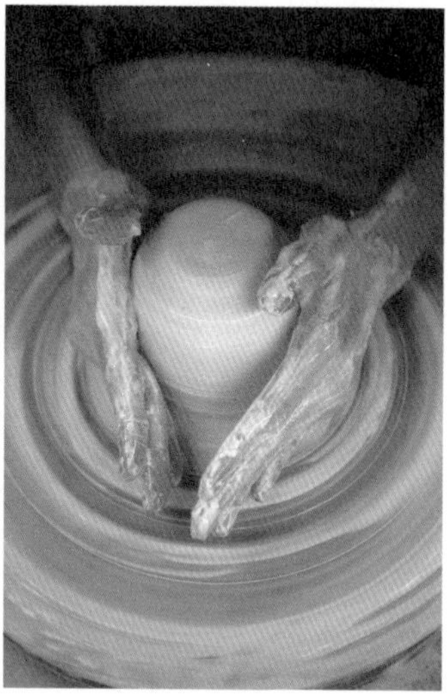

籌備餐會促使我回頭關注器皿製作，
圖為某日走訪「MISONO ceramics」工作室的紀錄。

也因工作室本就有關注如何以地方土加入創作，讓祺豐師選自淺山的物產，和桌上以東山土、六甲土製成的器皿，皆來自同一片土地。更重要的是，這些器物的產出，皆是與料理人討論出來的，什麼樣的湯入什麼樣的土鍋、出鍋後碗有沒有蓋，上桌掀蓋讓香氣四溢，這些都是在品嚐料理後構思的，雖說不上在餐桌上有什麼重大突破，但卻將料理與器皿的關係，拉回原初：

器皿也是料理的一部份。

餐桌有各種樣貌，淺山餐桌則是屬於「共食」的那張，有了代表公共性的大皿，我遂更想好好琢磨容易被忽視的個人餐具。由於外頭餐廳的個人碗盤大多因營運考量而略顯平凡，我邀請了「MISONO ceramics」協助製作這張淺山餐桌上的小容器。

「希望能找回小時候捧起那只小瓷碗的感受……。」幾次討論後還是不敢吐露真實念頭的我，最終還是不要臉的，向MISONO提出這般任性的需求。

或許是在黃沙滾滾的高雄市集上初見作品時感到輕鬆自在，又或許是陶藝家本人向訪客說明時，有著富有想像力的自然。攤位上所有容器都沒有設限，可以裝什麼全憑使用者的感受，拿起來、在手上捧捧看，試想：「如果我將這只陶器帶回家，能裝些什麼呢？」有別於只能用來當碗的碗，這樣幾乎全然開放式的思路，著實令人懷念起久經生活磨難前的鬆弛感。

我憑著不斷湧出的印象，描述著現已不知去向，外公、外婆家那只專屬於我的小碗，以溫暖、柔潤、甚至說出來有些土味的言詞，形容拿起時的愉快，說著指腹與碗型接觸的手感、唇齒接上碗緣時的密合，裝湯、盛飯後瓷碗那剛好不燙手的窩心溫度，加上祺豐師提到的，鼻子高挺者捧碗要避免撞鼻的用餐體貼與創作者自身的用餐經驗。

在創立 MISONO ceramics、從事陶瓷創作前，創辦人林妤芩曾修習過包款設計與時尚藝術指導、設計過衣裳、在畫廊與百貨從業，甚至因喜愛壽司而投入板前料理二年。當我問起為何會選擇在日本料理店工作時，除了餐廳日常備料與招待客人外，有別於我對捏製壽司的著迷：「坐在板前很像在看一場很美的表演，切分魚料、拌涼醋飯、流暢的動作、掌中剛好的力道。」妤芩嚮往品嚐時的體驗，「恰好昏黃的暖光打在板上，色澤染上結合得相得益彰的料理與器皿。整間餐廳有種緩慢的時間感，空氣中瀰漫一股使人感到和諧的氛圍，人跟人之間的距離，在板前顯得神態自若。」從設計包包與衣裳，直到現在的「容器」，MISONO 裝著創辦人從生活中發現的美好；或許是由於這樣的初衷與不斷嘗試的經驗，才能再度尋回我那只存於回憶中的美好小碗也說不定。就這樣，一套對我們來說手感恰好，外貌施以幾抹源於東山地方土線條妝點的優雅瓷碗、鼓盤，趕在餐會前，順利從窯裡燒結出來。

在餐會上向賓客介紹這套名為「留湲」的個人餐具時，MISONO分享：這件作品具有強烈的雕塑風格。碗緣向上時猶如雨後流水匯集於盤的小埤塘、碗底朝上時則仿若桌上一座座小白山，小碗足安放掌心時顯得安穩，而碗身的曲線則像身體的圓弧，白中帶些粉黃的小碗和淺淺的盤，在光亮釉面反光波紋中彼此相映，碗上那條以筆畫上的蜿蜒，就好像淺山惡地中遇雨後的流水，從盤底、碗底，一路流向迎接她碗緣的口中。宴席結束後，我回想賓客使用這些器皿的樣子，眾人捧起碗、掀開碗蓋，細品料理、端詳並摸著手邊的器皿，與桌邊人分享自己的發現，聊著滋味與土地的關聯、談著相似的經驗，器皿與料理，在那刻合而為一。

△△△

有些主廚選用光亮潔白的瓷器來烘托料理本身、有些料理人循著傳統和用餐禮儀精挑細選適合的用具、有些人會堅定使用那套最屬意的餐具、有些人保持開放生冷不忌，甚至只是圖個方便溫飽，直接鍋子上桌也毫不在意。

只是當我們想「好好吃飯」時，指的不只是進食，不論懷念或新奇，在餐桌上都不僅僅是「食物」而已，就跟衣裳與人的關係一樣，料理與器皿總是密不可分。回味時，試著想起帶給我們美好的畫面，除了筷子夾起的那口美味與鼻子聞到的香味之外，桌上還有更多值得一提的東西。

就從器皿開始吧！

圓桌最外圍的白色碗碟組即為MISONO ceramics 的作品〈留湲〉，
上面有著一抹土色曲線。

# 懷念的好奇心

我家巷口那間店，
深埋早已忘卻的、對吃之一事的探尋。

事件的開始不一定都有顯著成因，有時候過於追求解答，反倒加速將結果推往不盡人意。

有陣子我常在覓食路上遇到令人不快的經驗，忙了整個月，終於能放下手邊工作，出門好好吃頓飯犒賞自己時，會先翻找曾寫在備忘錄中的關鍵字、點開社群軟體仔細搜尋一番、抑或尋求友人推薦。然而，可能是累積過頭的疲勞遇上急欲緩解的食慾，早已被疊成高塔的期待總是落空，囫圇吞棗飽餐後，幾乎絲毫沒有解決內心的空虛，唯一留下的，大概只有那令人印象深刻的結帳金額。還有一次，應該是看到某部影集中主角吃得香甜，沒抵擋住隔著螢幕垂涎的考驗，以最快的速度拔腿出門，尋找近似的料理解饞，但同樣在餐點上桌前，就沒那麼想吃了……。

我曾認真思索，為什麼這樣悲慘的事件會一再發生，當時的解決辦法就是做更多功課、聽取更多建議、多嘗試幾次，久而久之，吃飯，遂變成一件只能供給身體活動所需營養的反射動作。

說實話，這種情況並不像有著美好謝幕的浪漫電影那般正向、在臺南淺山餐會後馬上得到療癒，反倒是過了數個月後的寫稿當下，才日漸舒緩。

想起這件事，總覺得自己實在是過於驕縱，明明吃遍了用心栽培的物產與料理人的灌注，走進沒到過的地方、結識志同道合的人們，但每當有人問起過去一年在做些什麼時，我雖能把「淺山餐桌」以體面而工整的口吻侃侃而談，卻在意識到此刻的自己有如照本宣科的行走旅遊書時，心裡暗自神傷。

「難道這張餐桌上，沒有屬於我的位子嗎？」

「難道，我說的都是他人的故事嗎？」

「難道，走進『臺南淺山』是件如此嚴肅的事嗎？」

諸多疑問，伴隨著歸於平靜的日常生活，不斷敲叩獨自鎖在書房中的我。

「距離上次沒有目的的閒晃，多久了？」

△△△

脫下眼鏡，暫時將目光從螢幕上框出「淺山」範圍的衛星空照圖移開，用力揉揉已成煙燻的雙眼，循著外頭遊客閒晃的嬉鬧聲，拜訪久未招呼的日光。

旅人們於家門巷口路旁，襯著新芽冒頭與春花甫開，坐在花圃前翻新的木椅上休憩；金紙舖老闆依然沒認出我這已入住逾七年的鄰居，大概在遍地動輒百年古蹟的府城中，這點時間依然太過年輕；阿霞飯店門前擠滿餐敘結束的食客，穿著體面的人們帶著心滿意足的笑臉合影，手裡打包的袋子是剛剛那桌菜有多豐盛的證據；迎面而來的祖孫手牽著手，面容慈祥的爺爺提著便當、小孫女開心地喝著飲料，小小的手逗弄躲在陰影下的毛毛狗；午休的銀行員捲起袖子，皮鞋敲地聲配著偷閒的歡快，人手一杯便利商店冰咖啡、來不及

ORIGINAL
Coca
利多

取下戴在脖子上的識別牌⋯⋯。都快忘了，這條小巷是如此熙熙攘攘。

「一樣嗎？」街邊咖啡店主認出了我。

「嗯，大冰美。」老闆翻著我早已忘記剩多少杯的寄杯卡。

「要加辣嗎？」兼賣鹹食的冰果室阿姨招呼著。

「要，還要一杯西瓜汁。」臨路小爐臺翻炒鏗鏗作響，蒸發的醬油香引得紅綠燈機車前的騎士們，在燈號讀秒時也開始思考午餐選擇。

「四神豬腸湯？」撥鬆糯米炊煙後，落成米糕的老闆瞧見我手上的大包小包，似乎有些在意。

「四神綜合湯，再一份米糕加滷鴨蛋！」掀開盒子後點了點醃蘿蔔數量，看來我的點單應該有讓老闆滿意。

只記得心滿意足，卻忘了那天是怎麼吃完這些散步的戰利品。

△△△

人總是習於身旁的人事物，卻忘了這些已交融於日常中的歸屬，起初，也是源於好奇。或許我把旅程中的所見所聞看得太過新奇，自以為發現了什麼可大說特說的嶄新，但那些不過是淺山人的日常生活、是臺南之所以為臺南的累積，是一群認真的人，在各自生活中做出選擇的努力結晶，是一群特別在意「吃什麼」的人，想分享「好好吃飯」這件事而已。他們的日常當然是張精彩的餐桌，但我們每個人的日常又何嘗不是？

還記得剛來臺南，問起在地人有什麼好吃的時候，幾乎每個人都回答「我家巷口」，其頻率真的高於其他縣市。本以為大家只是仗著「美食之都」的觀光美名，直到在這塊土地安頓下來，試著走進街坊巷弄、市場店鋪，映入眼簾

的景致已不再陌生、略甜的滋味也不再膩口、踏著的步伐不再急促，對房子的磚瓦開始好奇、對街邊的大樹心懷感激，對車水馬龍與人聲鼎沸後的鬧區探究成因、對這片土地上的人所經歷的過去慢慢熟悉。當然不只是過去而已，歷史是現在之所以為現在的痕跡，而唯有珍視每一次相遇，才能發現這些難以說盡的「眼前」。

再次回到桌邊，感受構成這張餐桌的元素，空間、桌椅與器皿，入口前觀察眼前菜餚所譜出的畫面是哪個季節，入口後細細品味所嚐到的滋味，充分咀嚼、嚥下後試著形容吃到的感覺，觀察同桌人的反應，對料理人報以感激，對這張桌子上發生的一切——重新開始好奇。

倘若在臺南路上遇到我，先別問有什麼好吃的，而是思考自己想吃什麼。如果真的摸不著頭緒，那我有可能推薦你去哪個地方走走，走得累了餓了，再問問遇到的人吧！

倘若此刻的你已飢腸轆轆，那我會謙虛地引介我家巷口，如果有緣能讓你們吃上一頓、也讓人滿意的話，那真是我的萬分榮幸。

畢竟，沒有人的口味是一樣的，每個人都有一張屬於自己的獨家餐桌。

# 先吃飯吧

「好好吃飯，常保思考。」

這是張可能發生任何事的桌子，

尤其是在吃東西的時候。

美味是什麼呢？臺南淺山的滋味又是什麼呢？這兩個問題直到花了好幾個月、敲下數萬字書稿後，我依然一知半解。

是要仔細分析每道料理的食材來源與烹飪手法，西餐、日料、中餐與臺菜，從標榜空運的異鄉食材，或一再強調有多愛護環境的公平交易，加上獎項的桂冠和摘了幾顆星星的料理人，華美的裝潢、精巧的食器、無微不至的服務，甚至是鏡頭下那嚐不到味的亮麗光景，才能讓我們有信心覺得自己有在好好吃飯嗎？並非想推翻農友與料理人的努力，而是我反芻這趟淺山之旅後，回過頭來拷問自己的問題。

△△△

還記得剛拿到人生第一份設計委託薪水時，加上攢了幾個月的打工積蓄，終於有機會能邀請當時心儀的對象出來吃頓飯。為了留下難忘的一晚，我精心打理所有能預先想到的環節，撥了好幾通電話詢問餐廳從菜單到座位的所有細節，還為了熟悉停車位、動線與洗手間，先行場勘好幾遍，每道料理的上菜時間與用餐方式也和服務人員問得清清楚楚，小抄都變成大抄了。從未吃過法餐的我花上整整一個月從聽來的經驗與他人的食記中惡補，背誦菜單上的法文，祈求約會時的表現別過於拙劣。約定的日子到了，想當然的，情竇初開而力求表現的男孩，怎可能有餘力安心吃飯，已經不只是戰戰兢兢了，大概就跟第一道開胃冷盤附的脆餅一樣如履薄冰，刀叉甫一碰上就碎得滿地。與身處煉獄級別尷尬開局的我相比，對面的女孩倒是自在地用手指輕輕捏起脆餅，抹上絲滑肝醬後，仔細嚐了幾口，禮貌說了句：「好特別。」

這料想不到的回饋，激起了想撥亂反正的勝負欲，我示意服務人員提前送上心目中可以逆轉戰局的甜點，長鐵籤串起的柳丁在行雲流水的刀功下，片成一長條果香螺旋，而後淋上白蘭地，頭上的吊燈暗去，點起的火焰燃起最後一絲絲希望。隨著餐廳燈光重新亮起，這份酒香四溢卻略帶苦味的二分休止符，沒能成為今晚的救贖，反倒在喉頭留下苦澀旋律。

是這間法式餐廳不好吃嗎？不不不，這樣推卸責任不是我拿青春往事出來說嘴的原意，如果不是整間餐廳所有人那真誠的服務之心，我想也不會畫面猶新。

重新回想當時的情境，才發現那晚是何其美好，服務人員以手繪地圖指引泊車處、領進門的熱情招呼和貼心保管褪去的厚重衣物，只映亮席次的光線，讓同一空間的眾人都有屬於今晚的個人區域，預先載明食材與產地的菜單考量了食客的食忌和喜好，在桌邊悄聲遊走的服務人員與侍酒師透過觀察桌上發生的一舉一動提供建議與服務，向訪客致意的主廚，仔細分享構成今晚從食物到陳設的種種用意……，當時整間餐廳，應該除了我以外，大家都有發現他們的用心吧！以眉頭深鎖來面對這般用心照料的我，著實索然無味得令人生氣。

當時的我應該是只關注於盤中飧、桌邊人，而忽略了最基本的「吃飯」。那忽略自己味覺和體驗的真實反應，實在過於裝腔作勢，以吃飯為名的約會卻毫不在意口中的滋味，僅著眼於如何彰顯品味和表現慾的話，也只會徒留以餐會為名的形式吧。

後來我漸漸領悟，若要讓素昧平生之人感到難忘，首先或許得從分享自己感到深刻的那些美好滋味開始，畢竟，如果連自己都無法開心，就算有再厲害的形容與履歷，我想都只是不自信地掩藏了原來想傳達的本心——好好吃頓飯。

△△△

踏入淺山旅途的一開始，或許是想多沾染些古都的氛圍，我試著從歷史與過去著手，讀著噍吧哖事件、回想湯德章，想在這片時光沖積、沉澱出的土地上，找到此時能安心論著的立足點。

寫書過程中，跟朋友說起這般「宏大」的抱負時，他們大多只是語重心長地看著我說：「我很懷疑你是不是古人轉生到現代忘了喝孟婆湯耶！為什麼每次只要聊起跟歷史有關的話題，你總能形容得好像在場一樣……。」先撇去好友或許是在嫌我太過念舊這點，這件事我倒是沒想過。

有些人靠記憶力收納過往，背誦年代、事件與人物，而我習慣在腦海中搭建一座攝影棚，將場景、劇本與人物的設定輸入後，讓他們自主運行。想起以前歷史課，幾千年的時光與從未踏足的土地，我總會先從親手畫張地圖開始，河流與山脈、平原或縱谷，加上氣候與其他條件，再一一標上每個政權的控制區域，最後安上課本上的人物描述，足以流傳至今的故事都代表著某些轉變，推動歷史的關鍵角色往往只是恰好站在劇情轉折的時間點。

而我也只是在此時此刻，持著攝影機，回看那延續至今的過去而已。當意識到我對往事的迷戀或許只是想找到有關「現在為何如此」的線索時，才發現自己或許有些本末倒置了——過度關注過往，不如將目光好好放在眼前的食物上。

因為，端上桌的料理早就將「過去」烹調好了，還是佐以「生活」，最有滋味的那種。餐桌上發生的種種早就在那裡了，是人與人相處的景觀、是人與土地共絆的思念、是說不盡的風景、也是緣分匯集成滋味的所在。

「好好吃飯」，究竟是要吃些什麼，是要追求我們還未嚐過的滋味嗎？是要去尋找我們再也吃不到的那道菜嗎？是要將眼前的料理都分門別類、分出高下嗎？是要否定所有過去嚐過的一切，重新開始嗎？

以上這些問句皆是我不斷對自己提出的交互詰問，「吃飯」究竟是什麼，我想可以試著先從：「為了活著而吃、為了食而活著」，這截然不同卻緊密相連的兩條路徑來思考。人類為了生存而勤奮以自身勞力換取糧食，這種基於本能的循環，使得每次進食彷彿都是一次對生存的莫大挑戰。從遊獵採集開始，累積了數代人的練習，我們走進農業、工業與資本的時代，時至今日，人們終於能更熟練地透過與其他人的合作、分工，讓「食與生」的難解稍微輕鬆些，將原本基於生命延續的食慾，轉變成追尋各式滋味的美好體驗；正是這樣說來嚴肅的演變，我們才有機會對於吃開始挑嘴。然而，隨著人生旅途不斷累積，嚐過的風味多了，最初入口的淡淡滋味，卻總被過於強烈的辛口芬芳所掩蓋，使我們不斷追求更濃厚的味覺，來證明自己舌尖上的感知依然存在。

「好好吃飯」，可以是持續探尋那些未知的絢爛、可以是懷念過往那依然撲鼻的香氣、可以是將桌上料理都安上排序與定義，但在這些「下一步」之前，我想花些時間，先將曾體會的「滋味」好好地、用心且「自在」地再次咀嚼一番。

可口可樂
Coca-Cola
富士彩色軟片
招財進寶
容量加大
配方升級
Energy Drink

原諒我的回覆如此抽象，誠實地說，這些疑問至今我仍一知半解。但我想，先試著問問待會同桌的人想吃點什麼，從分享各自的滋味開始，我想你會找到屬於自己的答案。如果沒什麼想法也無需勉強，吃飯嘛！開心就好。

對我而言，現在心中理想的餐桌，就跟從前老家附近那間東西塞滿滿的柑仔店一樣，沒有開放的貨架、沒有分類陳列的策略、沒有五顏六色的包裝與華麗的營銷手法，只有總是能記得東西放哪裡，而且還特別會認人的老闆。

「老闆，我要醬油跟米酒，紅標的。」

「今天你們家又要炕肉啦！五香粉應該用得差不多了吧？」

難怪小時候跑腿都存不到私房錢，外公跟老闆真是有默契。

不說了，我要去吃飯了！

淺山家

# 記憶藏在味蕾中

許怡慈｜林進貴對談

文字整理—黃伶穎
攝影——蕭佑任

生長於海邊的許怡慈為尋食材從廚房入淺山，認識了生活於山上的農友林進貴，兩人皆努力以自己的方式與土地共生共好。這回兩人相聚，透過料理和述說，分享淺山經驗與觀察：從過去到現在，留下或遺落了哪些飲食記憶？淺山家的日常餐桌，又有著怎樣的風景？

## Q1 兩位是在什麼樣的契機下開始關注、留心臺南淺山的風土飲食？

**進貴**：家人本來就務農，外婆在民國前八年出生，我現在跟媽媽住，飲食文化就這樣一代代傳下來，風土一直都在生活裡，也不需要特別的契機才開始留心。而我關注有機耕種，是從二〇〇六年參加第一代「新農業運動——漂鳥計畫」開始，轉進有機，也是繞了一大圈去上課，學人家噴有機資材，有天忙到晚上九點，坐在樹下想，這好像不是我要的。於是又讀了很多書，連續做五年生態紀錄，當我理解了這株草、這隻蟲在園區裡扮演什麼角色，才真的慢慢走入有機生態。

**怡慈**：我關注風土飲食跟這幾年的上課經驗有關，結婚生小孩後，開始參與共耕，也在小孩的華德福學校上食育課，學校在新化，周邊好多淺山物種。從我弟弟曾罹癌、我懷孕時吃外食容易蕁麻疹，再到小孩出生吃副食品，開始因為自己和家人的身體而很注重食材來源。一開始是跟信賴的商家買、從中支持，後來在關廟參與友善耕作的共耕田，帶著孩子一起去，親自耕作才知一切如此不容易，像是種一顆鳳梨要花兩年，怎好意思隨便吃吃，怎能不好好支持農夫？

## Q2

### 根據兩位的了解，臺南淺山的特色物產有哪些，從過去到現在有何變化？

**進貴**：小時候生態環保意識沒這麼強，交通也不方便，就是靠山吃山，會吃野生松鼠、竹雞和蛇肉解毒，現在牠們都已經消失在餐桌上。咸豐草、昭和草一直都有種，但也很難在餐桌上看見了，因為很多人不會料理。其實野菜很適合炒蛋，耐煮的則可以煮湯，而山芹菜，我會捲一捲、切一切放在料理最上面，像香菜的概念。上一代會種當歸，後來因為林務局禁止而消失。近幾年有種回來的有葛鬱金、薑黃，也開始種比較多紫鬱金，這類物產如沒有通過檢驗，就不能推廣科學功效，只能做特色料理。問題點就在這裡，這些都是從百年前長期食用的野菜，大家吃得

頭好壯壯，卻需要拿證據給食藥署證明，這是當地人比較為難的地方。

**怡慈**：我在新化中興林場遇過阿婆賣山藥，不像超市的日本山藥，而是很大一塊塊莖、表皮刺刺的刺薯山藥。這種作物隨著現代人飲食習慣改變，真的越來越少人食用，因為現在的人味蕾越來越精緻，有些粗纖維作物也就不常上餐桌，而「吃」跟「種」相連，沒人吃就不會有人種，就會產生斷層。此外，當地方不再是跟著節氣走的農業社會，人們也就不太會聚在一起做保存食，所以我覺得這是一種集體性的改變。

## Q3

**臺南淺山餐桌有哪些具特色的料理手法或食材運用，隨時間過去又有什麼改變？**

**怡慈**：左鎮公館社區的長輩跟我分享端午粽，他們會在粽子裡包米豆，因當地農業景觀常見木瓜樹，也種米豆、花生等，包粽子時就把這些都包進去。也會把瓜類刨成簽來包粽，左鎮有木瓜粽、地瓜粽和南瓜粽，當人們持續這麼料理，對我來說，也意味著還沒遺落食物跟土地的聯繫。

另外，我因為帶工作坊要去翻文獻，發現鹽膚木據說跟噍吧哖事件相關。早期山區要向平地換鹽巴，噍吧哖事件人民跟日本打仗期間換鹽不易，帶點酸梅鹹味的鹽膚木即被用來取代鹽巴。有這樣的理解和接觸，才知道臺灣本土也有這麼有趣的香料。

至於飲食文化的改變，人口少、吃的量少，保存食便漸漸消失中，讓煮飯的滋味也跟著改變。去年我在往新化林場的路上看見滿滿的芒果樹，想說淺山地區時常能見到醬筍、醬鳳梨、醬冬瓜……，那為什麼沒有醬芒果？覺得在保存食的脈絡裡不太可能沒有，但許多玉井、左鎮長輩也都不清楚這味。於是我就自己先嘗試做做看，有回遇到朋友在聊「蓬萊醬」，古書有記載用土芒果來醃成鹹味配粥，確認了真的有醬芒果的存在！後來也終於在田調過程嚐到長輩做的，味道超好。而後我就在玉井工商餐飲科的保存食工作坊中帶大家做醬芒果，它的獨特酸甜，很適合燉煮虱目魚。

**進貴**：山村人家常覺得在地料理稀鬆平常，可是都市人來看會覺得新奇，這是因為彼此生活環境不一樣。養魚的人，冰箱在海邊，山居的人，

冰箱就在大山裡，今天要吃多少就抓多少。我住的梅嶺在日治時代叫香蕉山，滿山遍野種香蕉，是外銷日本的主力。多的青香蕉會用來煮排骨湯或拿去養豬，也會拿到火旁烤，烤熟吃甜甜的；熟香蕉則用麻油煎，做古早味點心。香蕉樹的心也能用來煮湯，香蕉葉就是

進貴帶來青香蕉、怡慈接棒料理，復刻他小時候常喝的青香蕉排骨湯。當天菜單還有酸筍雞湯、醬芒果燉魚和青木瓜炊飯，以淺山食材完成一桌家常菜。

包材，可以說整株香蕉樹都能利用。

以前阿公阿嬤還在開墾期，白米飯很珍貴稀少，都吃蕃薯簽比較多。媽媽有烤過非洲大鍋牛，在秋冬休眠時抓到牠，烤熟沾點鹽巴就好了。以前的料理不是酸就是鹹，上面這些都是現在人比較少吃的了。小時候的點心還有地瓜粉加點水和糖後煎成的香香的餅，也很常吃剛剛提到的青香蕉煮排骨湯，以及佛手瓜、青木瓜燉排骨。家族以前有六個人，兄弟姐妹因為結婚離家，現在只有我和媽媽，煮大鍋湯會吃不完，兩個人吃飯，就會煮比較多野菜，有時也涼拌沾自家梅子醬。我也做麵包，媽媽學會自己搭鹹豬肉和野菜吃，就是一餐。

## Q4

**心目中覺得最能代表「家」的淺山日常料理為何，為什麼？**

**進貴**：其實就是依循四季在吃，路上看到什麼就採回家煮，像我今天看到狗尾草，就會採一兩株回家燉雞湯，成為不會過於上火的食補，葉片也可以驅蟲。野菜炒蛋也很日常，四季都有，不曉得怎麼料理時炒蛋就對了。雞蛋、鴨蛋都是我媽媽在管，外面的雞大多吃飼料，我們養的吃蟲子和五穀。

**怡慈**：今天上桌的酸筍雞湯很常見，麻竹筍採收後刨簽，加水和鹽發酵成酸筍，很能代表家的味道，我和我小孩也會一起做。煮雞湯的美味祕訣是加乾香菇，雞肉我習慣先用鹽麴抓過，讓煮後的肉質更軟，沒有也沒關係。

進貴提到的青香蕉排骨湯也很能代表淺山滋味，整年都有青香蕉，帶皮煮，融合成很適合現代家庭的「疊煮」概念，準備一個陶鍋，把比較會生水的食材如佛手瓜、鮮菇等蔬菜放最下面，肉類疊上面，層層鋪好、放點薑片，開火燉煮就是簡單營養的一鍋。

## Q5

## 在地的食物記憶為何重要，如何連結「家」？怎麼重新建構或找回飲食記憶？

**進貴**：現代人容易吃得太精緻單一，而山區物產多元，每個家庭的料理手法都不一樣，我樂於在市集和自家園區分享，或也會有其他單位邀約食農交流。我就是樂在其中，把食物、料理擺出來，交給食物來說話，直觀地讓大家體驗，食物本身就是最好的串連，吃也是形成人與人交流最直接的路徑。因山上食材沒辦法穩定供貨，使餐廳無法標準化運作，會很需要主廚的創意想法，在玉井「淺山故事館」我們便嘗試推出簡餐，但該如何穩定供應特色料理還在繼續努力中。

**怡慈**：對我來說，食物啟動連結「家」的引子就是情感記憶，不只是好不好吃，而是有獨特的生命經驗埋在記憶裡。一如之前做影像創作，也有家庭記憶的脈絡，我通常在工作坊上會透過情感記憶來切入引導，後來有小孩後，開始做發酵食、保存食，也在找尋某種曾經的味道，想延續給下一代。會希望這些滋味有機會向外擴延，因為分享味道跟飲食文化的連結是重要的，時間堆疊出來的脈絡是地方記憶的線索。尤其在以前農業社會，除了冷藏系統不發達外，也是不想浪費食材，所以有了保存食物的各種方法，累積至今，每個家庭都有一個飲食脈絡可以學。

**進貴**：想像古早時候一個家的媽媽要準備多少食物，才可以應付一整年。

**怡慈**：對，我們家住海邊，所以會做烏魚子乾、曬魚乾，拿來配飯、煮湯。一如在推動餐桌活動或做發酵食物時，參與的人回溯各種個人經驗，跟我分享他們小時候長輩會做哪些東西，這對我來說都是一種有機的創作樣貌。現在的生活經驗都太快速，有大量外食可選擇，我們有沒有機會透過發酵保存食等這些很簡單的滋味，慢下來去回溯、找尋和學

廚房裡一罐罐醃漬物、保存食都是怡慈的心血結晶。

習？這是我一直在做的事情。

## Q6

## 什麼是心目中「理想的餐桌」？

**進貴**：所謂生態廚師厲害的地方是進到場地就知如何運用，因認識野花野草，對怎麼煮、怎麼用、怎麼擺設都有想法。現代人好像很容易「怕」煮不好吃，也就不敢去試，不妨先認識自己怎麼吃，再進入如何煮，我們從小到大的飲食記憶都在我們的味蕾裡，要把它們召喚出來，去煮、有經驗了，慢慢累積想法，就可以料理出理想餐桌。至於一起吃飯的人，我無所謂，吃飯皇帝大，能一起吃得開心、欣賞主廚的廚藝最重要。

**怡慈**：全家一起料理就是我的理想餐桌。端午節全家一起包粽子，我炒料、小孩跟我一起備料，剪鬼頭刀魚乾、切香菇蒂頭，爸爸在旁邊翻豬肉，滷豬肉要花三小時慢慢入味，一起完成一桌料理。我們也常一起做發酵食。也可以是我煮飯時，有人擺餐盤、有人把音樂播好，分工合作的感覺，吃完大家一起收拾，這都是為家創造記憶的過程。而和友人透過餐桌上各式滋味形成的情感真實交流，也都是我理想餐桌的樣貌。

**許怡慈**

料理人藝術家，現居臺南仁德。在影像創作裡探索家庭記憶，也在製作發酵食、保存食過程中，回溯並連結飲食記憶。出沒於大小朋友的食育課工作坊，透過找尋食材、耕作與料理交集淺山風土。

**林進貴**

楠西農友，梅嶺「阿貴的家生態友善梅園」主人，兩甲大園區主要種青梅，採有機生態耕作，作物多元。雖自稱工作是除草，實則是野菜山產達人，懂吃、懂加工也懂煮，烘焙也是其專業。

# 後記與致謝

經過了半年有餘，在數不盡的月光下於鍵盤前糾結，終於迎來能動筆寫下後記的此刻。本以為離開學校後，除了撰寫案件的執行企劃外，此生不再需要寫下這麼多字，因此完成此書，著實有種說不盡的感概。

感謝文化局與出版社的信任和編輯們的照顧，讓我這個初出茅廬的寫作初心者，有機會能透過本書分享當初執行個人社造計畫時那些說不出的話，真切地花時間沉澱、回歸個人感悟，回頭去看不只是計畫時到過的地方，也順道藉此一同回味近乎大半的人生過往。

最近適逢整座城市張燈結彩地慶祝「臺南四百年」，有人趁此機會好好回望這片土地的過往、有人感念因水而成的豐饒與聚落變遷、有人對於不遠的將來滿懷期待，身為古都臺南的新住民，能於此刻留下在此生活的痕跡，真是最大的幸福，也希望能將此書做為我這位新人，獻給此地的小小禮物。

回想籌辦餐會的那段時間，我經歷了失業、重回學校，於寫書時辦了肆業，搬離了居住將近八年的家。回頭去看當時寫下的字句，光陰實實在在地在我身上留下確切痕跡，要說額頭因煩惱而多了幾條皺紋也是，但反倒更像「保存食」——罐裝些時間的陳釀滋味於閱讀時，並再度將人拉回當初，如此嚐到的風味亦稍微深厚些。

本想好好將一路上相遇的所有名字，像電影《星際大戰》（*Star Wars*）片頭前導那樣一一列出來，但就在寫到不知第幾頁時驚呼作罷，總覺得這樣也無法真切表達感謝之情。就像金馬獎得獎者上臺領獎時的致詞一樣，要感謝的人真的真的太多了，恕我沒能花上篇幅一一唱名。有機會的話，我想與各位約個時間再次碰面，這次換我做東、親自下廚，我們得好好吃上一頓飯。

不曾想過，那個三、四年前不愛護身體、每天都亂吃東西的人，現在竟三不五時會煮上一桌菜，邀請友人共進一餐，甚至還結識了厲害的料理人、用心愛土的生產者們，也能輕鬆花上整個下午於吧臺前喝上幾杯咖啡、在家泡壺熱茶盡情享受糕點。更別提過去只知單打獨鬥的內向設計師，現在能站在臺前面對陌生人，擔任讀書分享會的講者，甚至還接起了私廚和寫了一本附有食譜的書。

從各方面來看，這都是前所未有的第一次，但這些，卻都只是從那張再平常不過的「餐桌」開始的，只是過去，我似乎看得過於理所當然。

「餐桌是相遇的緣分之地，一切都是那麼剛好，才有機會匯聚成眼前桌上的一皿。」

願接下來，也好好吃飯。

僅以此書獻給

教導我品嚐滋味與廚藝的外公、外婆

一同參與、協助臺南淺山餐桌的所有朋友

以及滋養我至今大半歲月的臺南土地和在此相遇的所有人

# 好好吃飯：臺南淺山的理想初味

A journey into the suburban hills of Tainan

**作者・攝影** ——— 蕭佑任

國家圖書館出版品預行編目（CIP）資料

好好吃飯：臺南淺山的理想初味 / 蕭佑任作 . -- 初版 . -- 臺南市：臺南市政府文化局出版；新北市：遠足文化事業股份有限公司，讀書共和國出版集團發行，2024.10
320 面；13x19 公分
ISBN 978-626-7485-17-0( 穿線膠裝 )

1.CST：飲食風俗 2.CST：人文地理 3.CST：臺南市玉井區

733.9/129.9/121.4 113010854

**出版者** —— 臺南市政府文化局 | **發行人** —— 謝仕淵
**企劃督導** —— 林韋旭、黃宏文、方敏華 | **行政企劃** —— 余晏如、李頤娟、江卉湘
**地址** —— 臺南市安平區永華路二段 6 號 13 樓 | **電話** ——（06）299-1111
**官網** —— https://culture.tainan.gov.tw/home

**編印** —— 裏路文化有限公司 | **發行** —— 遠足文化事業股份有限公司（讀書共和國）
**主編** —— 董淨瑋 | **執行編輯** —— 廖貽柔 | **封面內頁設計** —— 陳靜如
**文字採訪** —— 李怡欣（p.136）、陳韋聿（p.148）、廖貽柔（p.234）、黃怜穎（p.292）
**圖片提供** —— MISONO ceramics（p.56）、蘇淑娟（p.138）、劉閎逸（p.143）、高雄市馬頭山自然人文協會（p.146）、國史館臺灣文獻館（p.151）、邱正略（p.155、158）、許怡慈（p.178 上圖）、灶室 gur room（p.227、229）、陳柳足（p.237）
**地址** —— 新北市新店區民權路 108-3 號 8 樓 | **電話** ——（02）2218-1417 | **傳真** ——（02）2218-8057
**Email** —— service@bookrep.com.tw | **客服專線** —— 0800-221-029

**特別感謝** —— 林祺豐、林佳蓉、葉杏珍、許怡慈、伍展志、陳明宏、林進貴、茅明旭、賴添町、賴政達、楊子賢、楊朝欽、王家曼、陳柳足、蘇淑娟、邱正略、黃冠雯、傅子峻、鄒享想、張芸芸、鄭名淳、黃韶瑩、阮璽、三禾清豐 心臺菜、永興醬油食品廠、集鮮菓農產、二子咖啡、不務正業書店、灶室 gur room、MISONO ceramics

**共同出版** —— 臺南市政府文化局・裏路文化有限公司
**出版日期** —— 2024 年 10 月初版 | **ISBN** —— 978-626-7485-17-0 | **GPN** —— 1011300987
**分類號** —— C095 **局總號** —— 2024-770 | **定價** —— 400 元